数字经济建设与高质量发展研究

马香品◎著

文化发展出版社
Cultural Development Press
·北京·

图书在版编目（CIP）数据

数字经济建设与高质量发展研究 / 马香品著．— 北京 ：文化发展出版社，2023.12

ISBN 978-7-5142-4259-1

Ⅰ．①数… Ⅱ．①马… Ⅲ．①信息经济－经济发展－研究－中国 Ⅳ．① F492

中国国家版本馆 CIP 数据核字 (2024) 第 024948 号

数字经济建设与高质量发展研究

马香品　著

出 版 人：宋　娜

责任编辑：任秀颖　　　　责任校对：侯　娜

责任印制：邓辉明　　　　封面设计：张秋艳

出版发行：文化发展出版社（北京市翠微路 2 号　邮编：100036）

网　　址：www.wenhuafazhan.com

经　　销：全国新华书店

印　　刷：天津和萱印刷有限公司

开　　本：710mm × 1000mm　1/16

字　　数：200 千字

印　　张：11

版　　次：2024 年 3 月第 1 版

印　　次：2024 年 3 月第 1 次印刷

定　　价：72.00 元

I S B N：978-7-5142-4259-1

作者简介

马香品，女，1974年2月出生，陕西省西安市人，毕业于西北大学，博士研究生学历，现任黔南民族师范学院马克思主义学院副教授，主要研究方向：政治经济学、数字经济。主要从事思想政治学专业的教学和科研工作。主持完成陕西省社会科学基金项目、陕西省社科联重大理论与现实问题项目、西安市社会科学基金项目、陕西省教育厅项目及黔南州哲学社会科学理论创新课题8项，参与其他省部级、厅局级科研项目15项，主持横向课题4项，累计科研经费90余万元；围绕数字经济、居民消费等问题，在《财经科学》《经济问题探索》《统计与决策》《社会科学家》《人民论坛》《价格理论与实践》《改革与战略》《时代金融》及《经贸实践》等刊物发表学术论文30余篇；主编出版《管理学》《经济法》《财务管理》及《会计基础》教材4部，出版专著《数字经济环境下中国居民消费实现效应研究》1部；2019年度荣获“陕西省优秀教师”荣誉称号。

前 言

随着新一轮技术革命的到来，人类社会进入数字经济时代，海量数据的广泛应用为现代经济和社会发展注入源源不断的活力。以互联网、大数据、云计算等信息技术为主干的数字化革命正在席卷全球。数字化浪潮已经迅速渗透到经济社会的各个领域，为推动消费、激发投资、促进就业和实现绿色发展等方面发挥了一定的作用，为中国的创新驱动和经济转型注入全新的动力。数字经济作为一种新业态、新模式、新动能，正在深刻影响着全球产业格局，并将进一步改变世界各国的经济结构和增长方式。数字经济对实体经济的影响不容小觑，特别是5G技术、移动物联、人工智能等具有标志性的创新技术，可以极大地改善实体经济发展的传统路径，优化和升级产业结构，为我国制造业的创新性发展提供有力支持，同时也有助于突破“低端锁定”的困境。数字经济已经渗透到各行各业，并逐渐形成新的产业形态，催生新兴产业和新业态的产生。数字经济的发展备受国家高度重视，党的十九大报告中明确提出要致力于推进领先技术与实体经济的深度融合，以促进经济的可持续发展。数字经济作为一种新业态、新模式、新动能正在引领新一轮科技革命和产业变革，并将带来社会生产力结构深刻调整和生产方式重大变化。自2020年起，我国积极推进以数字经济硬件设施为主体的新型基础设施建设，旨在促进数字经济的繁荣发展。数字经济已成为推动中国经济高质量发展的重要引擎，其所蕴含的强大发展动力和巨大经济价值将重新塑造经济增长的动力机制。

新技术的快速突破及在经济社会领域的广泛应用，不断孕育和催生新产业、新业态、新商业模式，为经济高质量发展注入新的活力，增添了新的动能。“三新”——新产业、新业态、新商业模式已是中国经济发展的重要组成部分，并成为重要的经济增长点。具体来看，作为数字经济发展重要支撑的新型数字基础设施，构筑了数字经济时代的新结构性力量，是数字时代的信息高速公路；数据要素成为新的生产要素、基础性资源、战略性资源和重要生产力，为推动产业转型升级提供了强大的新动能；智能产业培育、智能应用普及和智能水平提升助推产业价值链条延伸，组织结构调整与重组创新价值增值模式，信息化拓展全球产业发展新格局。然而，在数字经济与经济高质量发展融合过程中，还存在着理论指导相对比较匮乏、制度建设相对比较滞后、发展路径不明晰等问题。因此，对数字经济促进经济高质量发展的理论逻辑、路径机制和具体对策进行研究，能够帮助我们更好地理解科技革命、产业革命对经济高质量发展的影响，从而把握科技革命和产业革命的历史机遇，抢占大数据发展先机；便于系统了解数字经济赋能经济高质量在新时代发展的路径机制，明确经济转型发展的关键着力点；有助于深入发掘数字经济驱动转型发展中存在的问题，从而对症下药、精准施策；有利于我们发现数字经济与高质量发展的研究现状和不足，寻找新的研究视角。

本书第一章为数字经济概述，分别介绍了数字经济的发展背景与历程、数字经济的内涵与构成、数字经济的特征与分类、我国发展数字经济的机遇与挑战、我国数字经济的发展趋势五个方面的内容；本书第二章为高质量发展概述，主要介绍了四个方面的内容，依次是高质量发展的内涵、我国经济高质量发展的路径、我国经济高质量发展的实践、数字经济与高质量发展的关系；本书第三章国内外数字经济建设与发展的实践经验，分别介绍了三个方面的内容，依次是国外数字经济建设与发展的实践经验、我国数字经济建设与发展的实践经验、我国数字经济与行业融合发展的实践经验；本书第四章为新时代数字经济发展方向与策略，依次介绍了新时代数字经济的发展方向、新时代数字经济的发展策略、新时代数字经济制度体系建设的前景——技术创新与制度创新协同发展、新时代数字经济发展的实践——以贵州省为例四个方面的内容；本书第五章为新时代数字经济促进高质量发展路径，主要介绍了四个方面的内容，分别是新时代数字经济促进高质量发展的意义和影响、新时代数字经济促进高质量发展的路径选择、新时代数字经济促进高质量发展的宏观导向、新时代数字经济促进高质量发展的微观导向。本书第六章为新时代数字经济推动高质量发展的政策建议，论述了两部分的内容，分别是新时代我国数字经济发展的政策建议、新时代促进数字经济实现高质量发展的政策建议。本书第七章为新时代数字经济推动高质量发展的保障，主要分为新时代数字经济促进高质量发展的政治保障、新时代数字经济促进高质量发展的经济保障、新时代数字经济促进高质量发展的社会保障、新时代数字经济促进高质量发展的生态保障四个部分的内容。

在撰写本书的过程中，作者得到了许多专家学者的帮助和指导，参考了大量的学术文献，在此表示真诚的感谢。

由于作者水平有不限，加之时间仓促，本书难免存在一些疏漏，在此恳请同行专家和读者朋友批评指正。

马香品

2023 年 4 月

目　录

第一章　数字经济概述

本书第一章为数字经济概述，分别介绍了数字经济的发展背景与历程、数字经济的内涵与构成、数字经济的特征与分类、我国发展数字经济的机遇与挑战、我国数字经济的发展趋势五个方面的内容。

第一节　数字经济的发展背景与历程

一、数字经济的发展背景

在20世纪90年代，受到技术进步、社会环境和经济发展等因素的综合影响，数字经济这一概念应运而生。在这一时期，电子通信技术及其相关硬件的发展构建了数字经济的技术基础。与此同时，随着人类社会进入信息知识大爆炸，经济结构开始从物质型向信息型转变。人们对知识和信息的渴望进一步加速了数字化的发展，人均受教育水平的提升也使得数字化变革更容易被认同，由此促进信息通信技术的社会化融合。

数字经济的概念最早出现在由加拿大商业策略大师唐·泰普斯科特（Don Taspscott）1996年出版的《数字经济：智力互联时代的希望与风险》的著作中，这本书第一次涉及数字经济时代，并以未来的眼光提出了各个行业企业数字化转型的指南，详细阐述了互联网对经济社会的影响。随着尼古拉斯·尼葛洛庞蒂（Nicholas Negroponte）的《数字化生存》、曼纽尔·卡斯特尔（Manuel Castells）的《信息时代三部曲：经济、社会与文化》等著作的问世，数字经济的概念快速传播开来。各个国家政府也纷纷将数字经济的发展视为促进经济增长的重要方法。在数字经济发展初期，各国政府先后出台相关政策加强信息通信技术基础设施的建设。

二、数字经济的发展历程

（一）国际组织积极倡导发展数字经济

在20世纪90年代，互联网得到了全面的发展，与此同时互联网也在世界各个行业得到广泛地运用，尤其是那些发达国家，如美国，在这样的情况下，互联网逐渐成为各个国家经济发展的重要推动力。世界银行、世界经济论坛、经济合作与发展组织等国际组织均通过各种举措大力推动数字经济发展，美国、英国等国家和地区也在持续不断地发布数字经济相关战略，推动经济社会数字化转型。

1. 世界银行

世界银行一直将数字经济作为帮助发展中国家实现经济增长、减少贫困、增加就业的重要方法。2016年，世界银行把“数字红利”作为年度报告《2016年世界发展报告》的主题，报告主要介绍了技术的应用，特别是其在经济增长环境下带来的影响以及技术对公平性的影响、对公共服务效率的影响。

2. 世界经济论坛

为研究数字经济的健康发展，世界经济论坛联合国际贸易与可持续发展中心于2016年发起“E15项目”，提出将WTO规模扩大到数字经济的范围，开启数字贸易协定的谈判进程，扩大和深化数字贸易议题上的规则合作以及政府、企业和非政府组织协同支持数字贸易等政策建议。随后，世界经济论坛发布《2016年全球信息技术报告——数字经济时代推进创新》报告，指出全球正进入第四次工业革命，数字技术是这场革命的中坚力量，将数字经济视为“第四次工业革命”框架中不可缺少的一部分。

3. 经济合作与发展组织

经济合作与发展组织非常重视全球数字经济的发展，建议各国政府加快扶持互联网经济，维持互联网基础设施建设的高速发展，提高数字技术水平，缩小国家在数字经济方面的缺口。2015年，世界经济合作与发展组织在《数字经济概览：2015》中指出，数字经济的全部潜能尚未实现，鼓励成员国以战略方式发展数字经济。2016年，在经济合作与发展组织部长级会议上，“数字经济”成为各国部长和其他高层利益相关者探讨的重要议题。

4. 亚太经合组织

亚太经合组织一直重视数字经济建设。2002 年，在亚太经合组织第十次领导人非正式会议中，成员国通过了《关于执行 APEC 贸易和数字经济政策的声明》，首次为贸易与数字经济制定了政策框架。2010 年，在日本横滨召开的亚太经合组织部长级会议重申了数字经济的重要性。

5. 全球移动通信系统协会（GSMA）

全球移动通信系统协会认识到，在全球及地区层面，数字和移动技术均已产生影响深远的社会和经济效益。全球移动通信系统协会强调，这些新技术不仅将改变我们的生活方式，还将为各行各业带来新的商业模式和增长机会。例如，人工智能可以提高生产效率，改善客户服务，甚至开发出新的产品和服务。机器人可以在制造业、医疗、服务业等领域进行自动化作业，提高效率，降低成本。物联网则可以连接各种设备，收集和分析数据，以提供更好的服务，提高运营效率。

然而，这些新技术的发展也带来了一些挑战。例如，数据安全和隐私保护问题，技术更新速度快导致的技能缺口，以及如何确保所有人都能公平地享受到数字化带来的好处等。因此，GSMA 呼吁政府、企业和社会各界共同努力，制定相应的政策和措施，以推动数字经济的健康发展，实现数字化的包容性和可持续性。这包括投资于基础设施建设，提高数字素养，保护数据安全和隐私，以及推动公平竞争等。

6. 二十国集团

二十国集团（G20）作为一个国际经济合作论坛，宗旨是推动发达国家和新兴国家之间开放及有建设性地讨论和研究实质性问题，以寻求合作并促进国际金融稳定和经济持续增长。2015 年，在 G20 安塔利亚峰会上，二十国集团领导人认识到，互联网经济时代给全球经济增长带来的机遇与挑战并存。

（二）主要国家积极推动数字经济发展

自 21 世纪以来，特别是 2008 年国际金融危机爆发后，世界各国逐渐加强了对数字技术的重视程度，并开始着手制定数字经济战略，希望通过促进数字经济的发展来推动经济的复苏。然而，数字经济进入黄金时代的真正原因是智能手机和移动互联网的兴起和普及。这使得移动接入端迅速增长，全球范围内的网络连接量大幅增加，从而产生了海量的数据。为了处理这些数据，云计算和大数据分析技术应运而生，并形成相应的处理平台。通过对这些海量数据进行分析和提取，有价值的知识得以形成，并被应用于经济和社会发展中。这进一步推动了新的业态和模式的产生，统称为“数字经济”。

近年来，数字经济在引领经济增长、推动产业结构升级等方面发挥着巨大的助推作用，这一点备受我国高度重视。在2015年，《政府工作报告》中推出了“互联网+”行动计划。2016年，在G20杭州峰会上，我国推动签署了《二十国集团数字经济发展与合作倡议》，这是我国官方文件中首次引入了“数字经济”的概念。在2017年《政府工作报告》中指出：“推动‘互联网+’深入发展、促进数字经济加快成长，让企业广泛受益、群众普遍受惠。”[①] 在2017年10月份，数字经济被纳入党的十九大报告的篇章之中。我国政府在“十三五”规划中提出了一个重要的国家战略——网络强国战略。在未来，我国要从“网络大国”向“网络强国”转变，从工业经济向数字经济、信息经济转型。

美国是互联网的发源地，20世纪90年代开始建设“信息高速公路”，全球信息通信技术进入一个蓬勃发展的时代，随后出台了一系列政策，旨在推动数字经济基础产业的发展并制定国家级数字经济发展战略。1998年，美国商务部发布了一份名为《浮现中的数字经济》的报告，着眼于推动新兴发展的方法，其中包括数字经济的发展。数字经济的发展意义不仅在于互联网经济，更在于推动经济向“信息化”转型。2012年，美国发布了一份名为《数字政府：构建一个21世纪的平台更好地为美国人民服务》的文件，其中强调了以用户为中心的移动政务服务的重要性。2015年，美国商务部发布《数字经济议程》。2016年，为帮助政府和私有部门协力应对数字科技带来的机遇和挑战，美国商务部成立数字经济咨询委员会，旨在帮助企业和消费者充分利用数字经济的好处，促进经济繁荣、教育完善，积极参与政治与文化生活。2016年，美国国家网络安全促进委员会公布了一份名为《加强国家网络安全——促进数字经济的安全与发展》的报告，其中提出了有关网络安全建设的建议。

由于欧洲国家数字经济的发展水平存在一定差异，因此数字经济的发展可以被划分为欧洲整体和各国家两个层面。从整体上看，数字经济在促进就业、提高福利水平以及增强竞争力等方面发挥着积极作用。“欧盟2020”计划是欧洲整体

① 宋爽．数字经济概论[M]. 天津：天津大学出版社，2021.

层面最为重要的发展措施，其旨在最大限度地利用数字经济基础产业对社会和经济的潜力，特别是在互联网领域。该计划聚焦于七个领域：一是实现数字化的市场化；二是提升数字互动的互动性和标准化程度；三是加强线上互信和保障；四是确保所有成员都能够以高速和极速接入互联网；五是加大数字研发与数字创新领域投入；六是提高数字识别能力，技能与包容性；七是推动数字经济产业对欧洲社会的整体贡献。

此外，欧洲还特别关注以下两个领域的问题。第一，建立一个保护网络环境的安全措施。欧盟网络安全局（ENISA）推出了一种网络安全评估方法（SCSA——Methodology for a Sectoral Cybersecurity Assessment），制定了一系列重要措施来保护数字安全，如提升网络防御能力、减少网络犯罪、增强网络弹性、确保数字基础设施的安全，以及增加在网络安全领域的资源和研发投入。第二，消除数字差异。一方面，推进数字基础设施的广泛普及，以提升宽带接入的覆盖范围和速度；另一方面，从数字信息、数字交流、数字内容、数字安全和数字问题解决五个方面出发，实施“数字素养计划”，以提升公民数字素养，扩大数字需求，构建数字经济基础。

2015 年，欧盟委员会公布了最新的数字化战略——《数字化单一市场战略》，旨在通过实施一系列政策改革、版权法、消费者保护和云服务等措施，促进欧盟跨境贸易的发展。作为单一数字市场战略的核心，欧盟委员会于 2016 年发布了产业数字新规划，旨在协助欧洲的产业、中小型企业、研究人员以及政府部门充分利用最新技术。欧盟委员会指出，通过实施全面的欧盟层面战略，可以有效避免市场的碎片化现象，并从数字革命的浪潮中获得实实在在的好处。

英国一直处于全球信息技术发展的领先梯队。2009 年，英国政府发布了《数字英国》计划，提出了数字社会、数字经济、数字文化等方面的详细行动计划，旨在将英国打造成为世界数字之都。《数字英国》的发布被视为英国数字经济发展正式启动的起点。随着数字经济的蓬勃发展，英国政府于 2013 年颁布了《信息经济战略 2013》，为数字经济的崛起奠定了坚实的基础。该战略规划以提升国民福祉、推动科技创新和社会进步为目标，从基础设施、数据开发、应用推广、商业模式等方面提出一系列具体举措来促进数字经济健康可持续地向前发展。该策略与《数字英国》计划紧密相连，但其重点在于深入细致地探讨数字化对经济发展所带来的变革，将数字经济视为一个独立的概念进行分析。2015 年，英国技术战略委员会“创新英国”公布了《2015—2018 数字经济发展战略》，旨在通过数字化创新推动经济和社会的发展，为英国成为数字化强国提供明确方向。

2010 年 11 月，德国联邦经济和技术部发表了指导信息通信技术发展的纲领性文件《德国 ICT 战略：数字德国 2015》。在 2014 年 8 月，德国联邦政府发布了《数字议程（2014—2017）》，旨在通过数字化创新推动经济和社会的发展，为德国成为未来数字强国的战略方向奠定基础。德国宏观经济的成功数字化转型是提高竞争力的前提。2016 年，德国发布了“数字战略 2025”，该战略包括数字基础设施扩建、促进数字化投资与创新、发展智能互联等，其目标是将德国建设成最现代化的工业国家。

在新兴经济体当中，新加坡数字经济的发展成绩斐然。自 1981 年起，新加坡实施了一系列计划，包括“国家电脑化计划”“国家 IT 计划”“IT2000 计划”“InfoComm21”和“全联新加坡计划”，这些计划为新加坡的家庭电脑、家庭互联网接入、家庭宽带与企业宽带接入、移动电话普及等方面带来了一定的发展，信息通信已经深入人心，渗透到了生活、商业交易、政府办公等领域。新加坡的信息通信市场已经达到了成熟的阶段，这为新加坡“智慧国 2015”计划的实施奠定了坚实的基础。IN2015 计划通过 ICT 发展带动各经济部门数字化进程、促进经济发展、加速智慧国家建设、提高国际竞争力与创新能力。

第二节　数字经济的内涵与构成

一、数字经济的内涵

（一）数字经济的定义

在全球范围内，“数字经济”已成为一个热词，并被广泛地引用到各个领域和行业中。自 1998 年起，美国商务部已发布多项关于“数字经济”的年度研究成果，旨在探索数字化经济的发展趋势。自 2008 年金融危机爆发以来，全球范围内的国家都在积极探索数字经济战略，以期尽快摆脱经济衰退的困境。

2013 年，澳大利亚政府提出了数字经济的构想，旨在利用数字技术如互联网和移动电话等，实现全球范围内的经济和社会网络化。2015 年，欧洲议会将数字经济描述为一种错综复杂的结构，由无数个不断增长的节点构成，这些节点相互连接，形成一个多层次或多层次的网络。2018 年，美国商务部经济分析局发布了一份报告，其中对数字经济进行了定义和测量，将其定义为数字经济，包括信息与通信技术（ICT）行业、计算机网络的存在和运行所需的数字使能基础设施、通过计算机系统产生的数字交易（电子商务）以及数字经济用户创造和访问的数字内容（数字媒体）。尽管美国商务部经济分析局对数字经济的定义涵盖所有数字产品和服务，但其并未涵盖那些仅包含部分数字内容的产品和服务。

下面列举一些国内学者对数字经济有代表性的定义。

①数字经济的实质在于以知识为基础，借助数字技术（尤其是计算机和因特网）的催化作用，在制造、管理和流通领域呈现出数字化的全新经济形态。商业经济行为的数字化、网络化和电子化不断推进，这是电子商务蓬勃发展的体现；在意义上则表现为以知识经济为主体的新型工业化过程及其对传统工业结构与运行方式带来的深刻变革。传统产业不断向数字化转型，而新兴的数字化产业则蓬勃发展，这两者在内容上得到了体现；在一个以创新为特征的知识社会中，随着数字化技术以 1 和 0 为基础的不断发展，信息数字化已经成为整个经济社会不可避免的趋势。

②数字经济是以数字技术为基础，通过网络数据信息的广泛传播而形成的一种经济活动，其主要特征主要体现在以下三个方面：第一，在于数字技术的广泛推广和应用，从而彻底改变了经济环境和活动。第二，随着现代信息网络的普及，经济活动呈现出愈加频繁的趋势。第三，信息技术的广泛应用为经济结构的优化提供了强有力的支撑，从而有效地促进了经济的持续增长。

尽管数字经济的定义各有侧重和适用范围，但普遍认为其是以数字技术为基础的经济形态。数字经济一般被划分为狭义经济和广义经济。数字经济在狭义上指的是数字技术所带来的核心部门或数字部门，其中包括软件制造、信息服务等行业，这些产出主要来源于基于数字产品或服务的商业模式；数字化经济是一种广义的数字经济形式，它涵盖所有基于数字技术的经济活动，包括但不限于“工业 4.0”、精准农业、电子商务等，这些活动都是数字经济的重要组成部分。尽管这种定义模糊了界限，但它足以将数字技术为基础的新兴业态纳入其中，为未来的发展奠定坚实的基础。目前学术界普遍使用“产业”这一概念来对数字经济进行划分，也有研究者根据不同标准把数字经济细分为不同类型。中国信息通信研究院将数字经济分为数字经济基础部分（包括电子信息制造业、信息通信业以及软件服务业等）和数字经济融合部分（将数字技术应用到制造业、服务业等传统行业所增加的产出）。这一种分类方式得到了广泛的学术界和研究机构的认可和支持。

（二）与相关概念的区别和联系

20 世纪 90 年代以后，信息技术对整个社会产生的影响随着科技发展的脚步逐步加深，而人们对信息技术融入经济与社会这一过程的定义，在不同的发展阶段产生了不同的概念。除了早期的“信息经济”和近年的“数字经济”外，还存在网络经济、知识经济等概念。这些概念产生于数字经济发展的不同阶段，分别反映出不同时期人们对信息技术引起的社会变革的不同角度的理解。这些概念在定义和内涵上有细微的差别，但它们都是在描述信息技术对人类社会经济活动产生的影响与革新。

1. 信息经济

信息经济是一种日益强调信息活动和信息产业重要性的经济。有学者认为，信息经济是指以生产、获取、处理和应用信息为主的经济。在 20 世纪 80 年代，保尔·霍肯（Paul Hawken）在其著作《未来的经济》中明确提出了信息经济的概念，指出信息经济是一种新型经济形式，它以新技术、新知识和新技能贯穿于整个社会活动，其核心特征在于在经济运行过程中，信息成分占据主导地位，且其对经济的贡献也是不可忽视的。从微观和宏观的视角来看，信息经济的本质可以得到深刻的理解。宏观信息经济研究揭示了信息作为生产要素的独特特征和功能，以及其对经济系统的作用条件和规律，这一领域与知识经济有着相通之处，属于同一领域；微观层面的信息经济是对信息产业和信息产品的特征、在整个国民经济中的地位和比重以及信息对国民经济的贡献进行深入分析，强调的是信息产业部门在经济中的作用。

信息经济是与“数字经济”最相似的概念，也是引起最广泛研究的概念之一。事实上，二者既存在着时间上的顺承关系，又存在着显著的内涵差异。

一方面，数字经济使信息经济发展到了新的高度，是信息经济发展到了一个更高层次的阶段。在20世纪中叶，随着微电子技术和集成电路水平的不断提升，再加上第二代晶体管电子计算机的问世，信息和知识的存储能力得到了极大的提升。在20世纪50年代，数字技术的广泛应用和融合已经深刻地改变了其他领域的产业结构和经济社会发展。彼得·德鲁克（Peter Drucker）将其冠以信息经济之名，而丹尼尔·贝尔（Daniel Bell）则将其赞誉为一个超越工业的社会。

1962年，弗里兹·马克卢普（Fritz Machlup）在数字技术兴起的20世纪50年代的背景下，正式提出了信息经济的概念。他认为，那些向市场提供信息产品或信息服务的企业是经济中至关重要的部门，并引入了“第一信息部门”的概念。数字技术在经济社会中的普及程度不断增加，使得该概念的应用得到了广泛认可，同时其内涵也逐渐变得更加丰富多样。在20世纪七八十年代，随着集成电路的规模化和微型处理器的问世等条件，数字技术开始与其他产业部门深度融合，这一趋势进入了快速发展的阶段，同时也带来了新的现象，进一步丰富了信息部门的内涵。

因此，在1987年，马克·波拉特（Marc Porat）提出了“第二信息部门”的概念，他认为除了直接向市场提供信息产品和服务的第一信息部门，还存在一个第二信息部门，它只将信息劳务和资本作为投入，而不直接进入市场。第二信息部门进一步扩展了信息部门的范围，涵盖融合了信息产品和服务的其他经济部门。目前，数字经济正逐渐与其他经济领域交汇融合，对经济社会的影响进一步加深。在同一年内，信息经济的理论研究得到了更为广泛的拓展，除了推出新的理论概念外，还构建了一套用于测算信息经济的体系。在工业经济时代，信息已经成为至关重要的生产要素，对于推动生产力的进步和发展起到了重要作用。对于信息经济的研究，已经开始引起了越来越多的关注。

另一方面，数字经济在技术基础、经济拉动、产业变革和社会变革等方面都呈现出与信息经济不同的特征。在20世纪八九十年代，互联网技术逐渐成熟，导致全球范围内产生了大量数据，这对于原有的基于分散终端的数据处理能力构成一定的挑战，进而推动了数字技术新特征的发展。20世纪末，新兴数字技术如大数据和云计算以惊人的速度发展，不仅推动了信息产业的蓬勃发展，而且在一定程度上促进了传统产业的数字化转型，并产生了全新的产业和经济运营模式。

2. 网络经济

在信息网络化的时代，互联网经济作为一种全新的经济现象应运而生。网络经济兴起于20世纪90年代中期，经历了2000年前后的互联网泡沫之后进入蓬勃发展阶段，并从网络宽带逐渐发展到移动互联网的新阶段。广义上理解，网络经济是以互联网为基础，通过资源的生产、分配、交换和消费等方式展开的一种新型经济活动，其核心理念是通过互联网实现资源的高效利用和共享。在当前的发展阶段中，电子商务、即时通信、搜索引擎以及网络游戏等形态正在蓬勃发展。在网络经济的演进过程中，互联网的广泛应用和电子商务的蓬勃兴起扮演了至关重要的角色。网络经济的根基在于互联网，而电子商务则是其不可或缺的核心要素。目前世界各国都将互联网作为本国国民经济信息化建设的重要基础设施之一。网络经济的兴起源于国际互联网的蓬勃发展，因此，一些新兴行业在国际互联网的浪潮中崛起，成为网络经济不可或缺的重要组成部分。同时，网络经济又促进了全球范围内的经济一体化进程。随着互联网经济时代的到来，经济主体的生产、分配、交换和消费等经济活动，以及金融机构和政府职能部门等主体的经济行为，越来越多地依赖网络，通过网络获取大量的经济信息，进而进行预测和决策，并在信息网络上进行直接的交易。国际互联网作为一种新技术革命产物已经开始影响到全球经济生活各个方面。随着国际互联网的迅猛发展，传统的交易方式逐渐被颠覆，国际互联网已成为传统经济中不可或缺的便捷交易平台之一，因此，电子商务已成为网络经济不可或缺的重要组成部分。

3. 知识经济

20世纪以来，知识经济与数字经济都引起了人们的广泛关注，并且在相当长时间内被认为有替代性。1996年，世界经济合作与发展组织在年度报告《以知识为基础的经济》知识经济定义为建立在知识的生产、分配和使用（消费）之上的经济。其所述内容包括人类迄今为止所创造的一切知识，最重要的部分是科学技术、管理及行为科学知识。从生产要素的视角来看，知识因素对于经济增长的贡献超越了土地、劳动力、资本等其他因素，因此，“知识经济”是一种以知识为基础的经济模式，它是推动经济增长的动力。

数字经济与信息经济、网络经济、知识经济之间的确存在差异。知识经济强调知识作为基础要素在经济发展中的作用；数字经济则突出表现在整个经济领域的数字化。数字经济以信息通信技术的重大突破为基础，以数字技术和实体经济融合驱动的产业梯次转型及经济创新发展为引擎，其概念与范畴、特征与边界、运行机理与架构等均产生了质的飞跃。随着新一代信息技术的颠覆式创新与融合式发展，当前数字经济的重心已经从单纯的发展以阿里巴巴、腾讯等企业为代表的互联网企业转变为推动互联网、大数据、人工智能和实体经济深度融合，数字经济不再局限于个别互联网领军企业，而是要积极推进全产业、全主体、全要素、全业务、全渠道的数字化转型。人类在漫长的发展历程中，逐渐积累了丰富的知识，最终催生了信息技术和互联网的兴起，从而形成知识经济。随着信息技术和互联网的广泛应用，人类的知识积累得到了极大的推动，同时也加速了人类向数字化时代的转型进程。现今世界的演变离不开知识的不断积淀，这是其基石；当代社会的根本变革离不开信息产业和网络经济的蓬勃发展，它们成为推动社会变革的重要力量；数字经济乃是人类文明演进的必然产物，同时也是人类智慧与创造力的结晶。数字经济作为一种新经济形态，与信息经济有着本质上的不同。由此可知，这几个概念相得益彰、相互贯通，共同构成一个有机的整体。

二、数字经济的构成

针对数字经济的构成研究，大部分学者是从数字经济的内涵、特征和效应展开分析，主要采用新古典经济学理论，使用效率成本以及利润模式来分析，认为在企业层面形成范围经济与规模经济，导致了新的盈利模式，在中观层面加快了产业组织模式变革和产业结构转型升级，宏观层面优化了资源配置方式；也有小部分学者从数字技术角度分析，其理论依据是布莱恩·阿瑟（Brian Arthur）的复杂经济学理论，基本观点认为经济就是技术进步的结果，又调节着新技术的创造；最具代表性的是克里斯·弗里曼（Chris Freeman）和卡萝塔·佩蕾兹（Carlota Perez）使用“技术—经济范式”描述技术进步引发的经济结构变革从而形成新经济格局的过程。也有学者从经济制度角度分析，新制度经济学家道格拉斯·诺思（Douglass North）论述了技术进步和制度之间的紧密联系，技术进步是由激励制度决定的，数字经济的形成离不开制度的作用。基于上述观点，数字经济是多个因素形成合力的结果，而且要厘清数字经济的逻辑，应该先厘清数字经济多个因素的构成和产生新价值的过程。数字经济的构成框架，如图1-2-1所示。

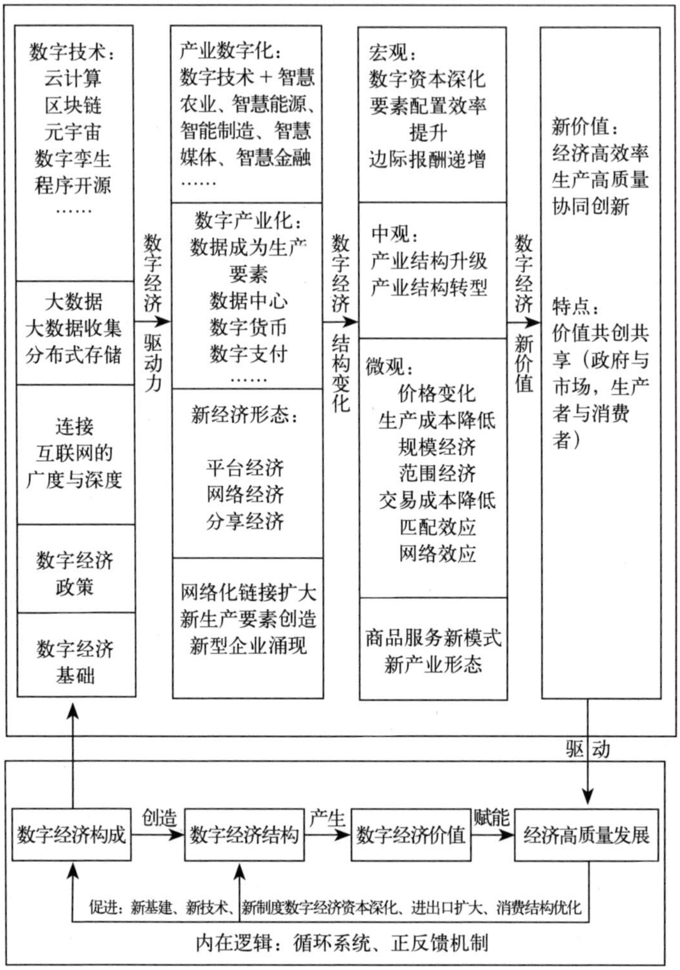

图 1–2–1　数字经济的构成

第一列由五个部分组成：第一个部分是计算机硬件、软件产业和通信产业为支撑的基础设施部分；第二部分是数字经济发展的战略、规划与政策；第三个部分是以信息传递与共享的互联网链接技术；第四个部分是数据资源形成的新生产要素，第五个部分是数据新价值的挖掘技术，包括云计算、区块链、元宇宙、数字孪生等，这五部分重塑了新的商业模式、经济运行模式，构建了新经济结构和社会形态。在这五个部分中，核心部分是由万物互联的“链接”产生大数据，“链接”是数字经济的最本质特征，通过信息共享带来了资源共享，产生了时效，成本和新价值效应。再由大数据产生一系列技术创新活动，进而驱动经济高质量发展。而“链接”产生的基础就是计算机产业和通信产业，如果没有数字基础设施，万物之间就难以形成“连接”关系；就不会产生新生产要素大数据，也就难以挖掘数据中的核心价值。

第三节　数字经济的特征与分类

一、数字经济的特征

（一）数字化

以二进制的形式来表示和处理信息，将包括文字、图片、视频、声音等在内的诸多信息转化为计算机能够读取、处理和传输的二进制代码。20 世纪中叶计算机的发明标志着数字化的起步，这一时期主要的商业模式是芯片生产和制造、计算机生产和制造、操作系统开发、相关软件开发等，代表公司为 IBM、微软、英特尔。虽然如今大部分信息都能以数字化的形式表示，但数字化的进程仍远未结束，还有大量信息和设备游离在数字系统之外。

（二）网络化

通过网络通信技术实现人与人、人与物、物与物之间的实时连接。20 世纪 60 年代末，阿帕网的诞生标志着网络化的萌芽，20 世纪 90 年代以后互联网的全球普及为数字经济发展构筑了至关重要的基础设施。

全球网络空间治理体系要想实现深度变革，离不开数字经济。换句话说，准确地定位和聚焦于数字经济，就回答了推进全球网络空间治理体系变革是为了什么的问题。即以数字经济为驱动力，推动网络空间开放、合作、交流、共享，让互联网更好助力经济发展、社会进步、生活改善，做到发展共同推进、安全共同维护、治理共同参与、成果共同分享。

（三）智能化

2015 年以来，人工智能研究在多个领域实现突破，数字经济进入以智能化为核心的发展阶段。目前其商业模式还主要集中在单一的弱人工智能应用上，包括语音识别、自动驾驶、机器人写稿、图像识别、医疗辅助等领域，代表性公司有谷歌、百度、科大讯飞、阿里巴巴等。未来，智能化技术发展将对数字经济发展产生质变效应，推动人类生产生活方式的新变革。

在未来，所有企业的核心战略将是加速传统企业的数字化转型，以充分利用共享时代的优势。在现如今的共享经济时代，利用个人、企业、政府甚至社会的闲置资源，借助互联网、大数据、云计算等数字技术，推动传统企业向数字化转型迈进。传统企业需要借助互联网和企业的模式来实现数字化思维，建立内外资源的连接和协作共享机制。通过建立数字化的协同平台和共享平台，包括资源、财务和法务，实现内外部的互联互通，从而实现精细化管理，最终实现传统企业的智能化发展。

（四）商业化

数字经济的商业化特点是建立在数据和信息技术基础之上的。数字经济的发展使传统商业模式被信息技术所取代，使商业模式发生变化。数字经济的商业化特点表现在：一是全面普及信息技术；二是商业模式的多样性，可以通过信息技术实现跨界、跨行业的融合；三是商业模式的复杂性，可以将信息技术与传统商业模式有机结合；四是信息技术的智能化，可以实现商业模式的智能化，从而提高商业效率。数字经济的商业化特点还体现在信息技术的可定制性，可以根据企业的实际情况，设计出最适合企业的商业模式，从而提高企业的商业竞争力。

（五）共享化

首先，数字资源的共享性是共享时代所必需的，因为只有这样才能满足人们对于信息共享的需求。数字经济的一大发展方向在于持续扩展数字信息资源，推进数字技术的整合、储存、分析和交易业务，以实现数字技术资源在共享时代下的新价值释放。其次，数字技术与产业的深度融合是共享时代的必然趋势，只有这样才能孕育出更多商业发展模式。数字经济的重要发展方向之一是将数字技术与产业融合，通过产业融合实现数字化和智能化，从而逐步模糊产业边界，最终实现产业开放化发展和向价值网络的转型升级。

二、数字经济的分类

（一）基础型数字经济

基础型数字经济是指在信息技术的支持下，以数字资产和数字服务为核心的经济形态。它以大数据、人工智能等新技术为支撑，着力推动经济转型升级，推动技术创新，改善公共服务。

（二）融合型数字经济

融合型数字经济指的是将传统产业与信息技术相结合，把传统产业的产品和服务以更具竞争力的价格提供给消费者的经济形态。

（三）效率型数字经济

效率型数字经济强调利用信息技术和大数据来提升经济结构，改善管理水平，提高生产力，提升企业的效率和竞争力。

（四）新生型数字经济

新生型数字经济利用互联网技术和大数据，实现企业的数字化转型，构建新的经济体系，使企业更加轻松、更加有效地实现发展。

（五）福利型数字经济

福利型数字经济是指将数字经济与公共服务相结合，利用现代信息技术改善社会公平，改善居民的生活状况，实现公平和福利分配的经济体系。

第四节　我国发展数字经济的机遇与挑战

一、我国发展数字经济的机遇

数字经济要在中国落地，需要动员各界的力量，运用数字技术来解决问题。“互联网 +”是一个技术方法，数字经济是结果。作为数字经济发展的依托，网络信息技术产业是一个相对宽泛的概念，目前正以互联网、大数据、云计算、人工智能、区块链等技术为发展热点，为数字经济发展提供技术条件和产业基础。

（一）互联网发展基本面向好

1. 全球网民规模大

全球网民规模越来越大，网络的影响力在不断提升。今天，网络逐渐成为全球性的媒体，其中不仅有政治、新闻、经济等传统的新闻内容，而且有网络游戏、购物、社交等，满足了人们多样化的网络需求，为人们的生活带来了极大的便利。网络的发展无疑改变了人们的日常生活，促进了社会的全球化进程，为全球网民提供了更多的信息和服务，有效地拉近了世界各地人民的距离。

2. 互联网终端进入后移动时代

随着智能手机和平板电脑在全球范围内广泛普及，以智能手机为代表的移动终端正在改变人们获取信息、娱乐休闲、购物消费的方式，并将对社会生活产生深刻而全面的影响。在过去十多年中，移动互联网蓬勃发展，彻底颠覆了传统互联网的商业模式，与此同时诞生了共享经济、O2O 等一全新的商业模式。移动互联时代的到来，在一定程度上改变了人们获取信息和交流沟通方式，也为各行各业带来巨大机遇。移动互联网已成为互联网产业发展中最重要的基础设施。

（二）云计算迎来市场收获期

2006，谷歌首次提出了“云计算”这一概念，为业界带来了一场前所未有的变革；亚马逊在同一年推出了一系列云服务，其中包括在线存储和弹性计算云等，这些服务为用户提供了更加便捷和高效的使用体验。谷歌和亚马逊携手开启了云计算的蓬勃发展之路，为其带来了巨大的推动力。随着全球互联网应用规模不断扩大，云计算技术也得到迅速普及与推广。近些年来，云计算已经成为各类企业不可或缺的一部分，它们纷纷拥抱着这一前沿技术。云计算的出现彻底颠覆了 IT 产业的格局，为市场带来了丰厚的回报。

1. 亚马逊、微软等巨头主导全球云计算发展

全球云计算市场的主导地位被亚马逊、微软、IBM 和谷歌四大巨头所把握。根据高德纳咨询公司的数据，四家公司在全球云计算基础服务市场中占据了超过 50% 的份额。

亚马逊无意间涉足云计算业务，如今已经发展成为全球最大的云计算供应商，

毫无疑问地占据了云计算市场的主导地位。在全球的PaaS（平台即服务）公开市场上，AWS的市场份额几乎相当于Salesforce、微软和IBM三大厂商的总和。

微软是一家成功转型为云服务的传统IT制造商的杰出代表。微软在2014年制定了一项新的战略，将移动和云计算置于首位，以此来推动其发展。通过对客户需求进行深度分析，将用户体验与技术发展结合起来。微软以Office365和Azure的双引擎为支撑，稳坐行业第二的宝座。

IBM作为一家传统的IT巨头，其转型之路充满了艰辛。IBM在进行了软件和咨询服务的转型之后，最终转向了云计算这一领域。虽然转型成功了，但在过去几年里，其盈利能力却持续下降，并在一定程度上导致股价下跌。

2. 第二梯队企业加大投资并购力度

尽管亚马逊、微软、IBM和谷歌四大巨头的主导地位已经确立，但在短期内难以扭转其影响力。云计算的应用领域广泛，市场潜力巨大，在多个细分领域仍有众多成功的企业在其中脱颖而出。随着云计算技术应用不断成熟，越来越多的用户选择使用云服务来满足自身对数据存储及计算能力的需求。特别是那些在云服务行业中处于次席位置、拥有强大实力的服务商。他们凭借其强大的实力，成为推动云计算发展的中坚力量。第二梯队企业，以甲骨文和Salesforce为代表，展现出了卓越的业绩表现。为了巩固自身优势并弥补不足，它们采取了加大投资并购力度的策略。

甲骨文正积极转型为云计算。自2010年起，该公司已将其收购重心转向云计算领域，尤其是SaaS供应商，以填补特定垂直市场的空缺。甲骨文并购活动非常活跃，共斥资120亿美元，成功收购了九家企业。此次收购的目标主要集中于云计算技术和基础设施领域。甲骨文史上的第二大交易是以93亿美元的巨额资金收购NetSuite，这是当时最大的一笔云服务解决方案供应商收购交易。Ravello Systems、Textura、Opower以及Dyn等四家云软件创业公司，均以5亿美元以上的价格完成收购。

在企业SaaS领域，Salesforce以其卓越的在线CRM（客户关系管理）的领导地位，成为业内的佼佼者。在2016年，Salesforce进行了一次大规模的并购行动，投入了超过50亿美元的资金，成功收购13家企业。此次并购涉及多个行业和业务单元，包括互联网与电子商务、移动商务以及企业服务等，并获得众多新技术和创新成果。网络零售解决方案提供商 Demandware 以 28 亿美元的价格被收购，而团队协作应用软件 Quip 和营销数据初创企业 Krux 的收购额均超过 7 亿美元，这是最大的交易之一。

3. 中国市场中阿里和腾讯处于领先位置

尽管中国的云计算市场规模相对较小，但其蓬勃发展的势头却不可小觑。目前，国内主要企业已经开始了大规模部署，并已进入产业化阶段。阿里云和腾讯云在市场上占据了领先地位，成为无可争议的领头羊。阿里巴巴目前的发展亮点在于云计算领域的蓬勃发展。

腾讯云的全球服务节点数量高达 19 个，这一数字呈现出惊人的爆发式增长，为其云服务收入带来了巨大的推动力。因此，中国的互联网云服务商腾讯云在全球云计算基础设施建设方面处于领先地位。

4. 科技企业纷纷拥抱云计算

云计算的迅猛发展，彻底改变了传统的 IT 基础架构，给 IT 厂商带来了巨大的冲击。IT 行业的巨头纷纷采取积极的措施来调整业务布局，如赛门铁克和惠普选择了拆分成两个独立的公司，而 IBM 则决定出售 x 系列服务器，戴尔则收购了易安信等公司。微软、IBM、甲骨文、SAP、思科、联想、英特尔等传统厂商正在逐步将战略重心转向云计算，这是最重要的变化。

在中国，越来越多的企业进入云计算市场。2014 年 12 月，金山发布了一项名为“All In 云服务”的三年战略，旨在开拓一条专注于行业云的独特战略路径。自 2015 年起，网易陆续推出了网易云信、网易七鱼等云服务，并随后正式发布了以场景化服务和知识体系输出为核心的云战略。京东正在积极推进云计算业务的发展，而百度云、美团云也迅速崛起。

（三）人工智能进入发展黄金阶段

1956 年，在达特茅斯夏季人工智能研究会议上，10 位学者，包括约翰·麦卡锡（John McCarthy）和克劳德·香农（Claude Shannon），首次提出了人工智能的概念。从此，人类开始了对智能问题进行深入思考和探索，并取得了巨大进展，使人工智能成为一门新兴的学科得到迅速发展。在过去的六十年里，人工智能的演进经历了起伏不定的历程。

AlphaGo（阿尔法围棋）在击败韩国围棋九段李世石后，以惊人的表现震撼了全球，迅速引起了人们对人工智能的浓厚兴趣。人工智能的快速发展，源于新一轮技术创新的推动，这一进程引起了广泛的关注和关心。由于互联网、大数据和传感器的普及，以及云平台提供的大规模计算能力和算法的突破，计算机现在可以通过深度学习独立地完成更加复杂的任务，因此人工智能已经广泛应用于各个领域。

1. 世界各国纷纷出台人工智能战略

美国是信息技术的发源地，对人工智能的发展具有领导作用。自 2013 年起，美国开始发布多项人工智能计划，美国国防部非常重视人工智能技术，认为人机协作是第三次抵消战略中的“至高无上的科技目标”，并于 2015 年在硅谷设立了 DIUX 外设办公室，以加强与新兴创新企业的合作。美国国防高级研究计划局正在加快研究人工智能技术，并发布了“可解释的人工智能”项目的广泛机构通知，这标志着他们作为互联网的创造者正致力于推动人工智能技术的发展。除了国防领域之外，美国白宫发布了两份重要文件，分别是《为未来人工智能做好准备》和《美国国家人工智能研究与发展策略规划》，随后又发布了《人工智能、自动化与经济》报告。这些举措将人工智能提升到国家战略层面，为美国人工智能的发展制定了宏大的计划和发展蓝图。

多个国家政府还发布了有关发展战略和计划，但不包括美国。例如，英国政府公布了一份名为《人工智能：对未来决策制定的机遇和影响》的报告。日本文部科学省制定了年度战略目标，旨在推动人工智能、大数据、物联网和网络安全综合项目的发展；与此同时，欧盟也发布了《欧盟人脑计划》，致力于推动相关领域的研究与发展。

2. 人工智能成为科技巨头的战略支点

目前，移动互联网的发展红利正在逐渐减少，后移动时代已经到来。科技巨头正在积极将人工智能作为后移动时代的核心战略，致力于在云端构建人工智能服务的全面生态系统。

面对人工智能的机遇和挑战，五家美国科技巨头 Alphabet、国际商业机器公司、脸书、亚马逊和微软宣布联合成立人工智能伙伴关系。四个月之后，苹果公司也决定加入。人工智能伙伴关系旨在促进公众对人工智能技术的认知，同时制定未来人工智能领域研究者需遵循的行为规范，并提供有益且有效的实践方法来应对当前该领域所面临的挑战和机遇。

在中国，百度在人工智能领域进行布局的时间较为早，早在2013年就成立了深度学习研究院和硅谷人工智能实验室。李彦宏在2016年9月的发布会上强调，百度大脑的发布标志着人工智能已经成为百度核心业务中的至关重要的部分。腾讯在人工智能领域也设立了实验室，专注于自然语言处理、语音识别、机器学习和计算机视觉等方向的发展。

3. 顶尖人才争夺战激烈上演

人工智能的进步需要有卓越的科学家推动。全球缺乏顶尖人工智能人才，只有极少数人具备这方面的专业知识，而这些人主要集中在卡内基梅隆大学和斯坦福大学等高校和研究机构中。近来，科技企业对于人工智能领域的人才竞争越来越激烈。他们不惜花费巨资，给予的薪资待遇可以与美国国家橄榄球联盟球星的签约费相媲美。

谷歌在争夺人工智能人才方面表现得最引人注目。杰弗里·辛顿（Geoffrey Hinton），谷歌发现了他，他是多伦多大学计算机系的教授，也是深度学习的奠基人。2016年11月，谷歌成功聘请了两位在计算机视觉领域具有卓越成就的专家——斯坦福大学计算机系终身教授、人工智能实验室与视觉实验室主任李飞飞，以及Snapchat公司研究部门负责人李佳。这两位杰出的人才将共同主管和引领谷歌全新的机器学习部门。

2014年，百度在国内聘请了吴恩达作为首席科学家，负责领导百度研究院的工作。2017年初，百度迎来了微软全球执行副总裁、人工智能领域的技术权威陆奇的加盟。

4. 创业创新投资快速增长

自2012年以来，对人工智能初创企业的投资呈现出迅猛增长的趋势。中国在人工智能领域的投资步伐明显加快，迅速赶上美国、西欧等发达国家的脚步。

在人工智能领域，出现了三家新的独角兽公司，它们分别是无人驾驶汽车创业公司Zoox、中国的健康医疗人工智能初创企业碳云智能和美国的人工智能网络安全初创企业Cylance。

科技企业还加强了在专利方面的竞争。在美国五大科技巨头之中，微软和谷歌的人工智能专利申请数量高于其他公司。自 2009 年以来，微软已经向超过 200 项与人工智能相关的专利提出申请，而谷歌则已经递交了超过 150 项。在 2013 年，谷歌申请的人工智能技术专利数量远远多于微软，而苹果在这方面的专利数量相对较少。

二、我国发展数字经济的挑战

数字经济在演进过程中也面对着一系列待克服的障碍和待消除的负面影响，这些难题需要各方共同采取措施逐步化解。

（一）数字鸿沟问题依然相对比较严重

在数字素养领域，我国与西方相比差距明显，尤其是农村地区和城市郊区的教育发展水平更落后于其他发达国家。关于接入问题，世界上仍然有 40 亿人口无法使用互联网，虽然 40 亿人口中的一部分是发展中国家的，欧美和其他发达国家并未彻底解决数字鸿沟。尽管世界经济论坛呼吁建立“全民共享的互联网”，并且许多国家已经制定了各自的普遍服务计划，但在短期内，这一问题仍未得到根本性的解决。从区域来看，由于各地区经济发展水平和社会文化传统不同，数字化进程中数字鸿沟的表现方式有所不同。在我国的网络接入方面，数字鸿沟在东西部和城乡之间呈现出不平等现象。在数字化素养领域，全球范围内存在着数字技能的匮乏现象。欧洲数字化发展的最大挑战在于，欧盟人口普遍缺乏足够的数字化技能，这使得数字化进程受到了一定的阻碍。相较于欧洲，发展中国家在数字方面的能力不足问题更加严峻，因此，各国迫切需要加强数字素养教育。

（二）网络安全面临挑战

随着数字经济的蓬勃发展，安全威胁也在不断增加，高危漏洞数量不断攀升，网络攻击变得更加猖獗，关键基础设施面临巨大威胁，金融领域和能源行业成为最受影响的领域。物联网的复杂性在于其软件和硬件的高度整合，涉及大量的零部件和相关部分，无法通过简单地升级、修改或置换等方式来应对可能的安全威胁，因此保障物联网安全的难度远远超过了互联网。很多小型创业公司开发智能设备，尤其是它们在提供复杂安全功能的资源和经验方面存在欠缺。安全问题的存在严重妨碍了数字经济的发展。

（三）法律法规滞后于数字经济实践

数字经济的生产要素中，数据扮演着至关重要的角色，然而，它也带来了巨大的挑战。在数据开放共享时代，数据如何被使用和管理，成为摆在政府、企业面前一个非常现实而又紧迫的问题。由什么人管理？谁掌管此事？该如何处理？怎样用？如何确定所有者、拥有者、使用者和管理者之间的责权利，以确保权力的有效行使？这些问题都是影响数字时代知识产权保护政策制定的核心因素。举个例子，尽管一些国家致力于加强知识产权保护，但也有不少国家和研究机构认为，技术变革逐渐打破了传统知识产权的限制，导致原有的知识产权制度与数字经济发展脱节，形成一个由专利流氓和专利持有人构成的寄生系统，从而阻碍了创新的发展。知识产权是一种社会资源，它既能为企业创造利润，还能促进知识的传播和扩散，因此各国对知识产权的管理都非常重视。当前，对于知识产权的调整，我们仍在缓慢而持续地推进。在数字经济监管政策方面，由于各国在用户隐私保护和“被遗忘权”等问题上缺乏共识，导致传统行业和新兴行业之间的冲突时有发生，这使得各国的监管政策存在着千差万别的情况。数字经济的健康发展受到了相关法律建设滞后的严重制约。

（四）就业结构发生重大变化

科技的进步和发展不可避免地会提高社会效率，使人们从繁重的劳动中解放出来。第一次工业革命引发了“机械化困境”，大批工人因机器替代而失业。数字经济的迅猛发展也将带来就业结构的巨大转型。在数字技术领域，对就业产生最大影响的无疑是非人工智能。未来十年内，那些只涉及单一领域、重复性工作且可以通过理性推算来完成的工作将面临大规模替代，包括翻译、保安、客服、会计、保姆等职业都将大幅减少。在未来，随着人工智能的迅猛发展，将会涌现出许多新的职位，包括数据科学家、自动化专家以及机器人监控专业人员等，这将大大增加对高端人才的需求。加快教育、社会保障等领域的改革，以适应就业结构的变化，并加强职业培训，以尽量减少潜在风险。

数字经济是世界各国为实现可持续发展而积极追求的重要机遇。数字经济作为全球经济发展速度最快的领域，对于推动新兴产业发展、促进传统产业转型，以及促进就业和经济增长起着至关重要的作用，其影响直接决定了全球经济未来的走向和格局。数字经济是中国经济提升质量和效益的新因素，同时也是中国经济实现转型和增长的新机遇，政府、企业和社会各界应积极推动数字化转型，以促进数字经济的健康发展。不仅需要为数字经济的发展创造良好环境，而且要积极解决数字经济发展过程中可能出现的各种问题，以确保技术进步能够真正造福于广大人民。

第五节　我国数字经济的发展趋势

一、数字经济基础设施转型与升级

数字经济时代到来后，通信网络、互联网、云等信息基础设施成为数字经济基础设施的核心组成部分。

（一）数字经济基础设施概述

随着数字经济的蓬勃发展，数字经济基础设施的概念已经扩展到了传统信息基础设施和物理基础设施数字化改造两方面。

1. 数字经济基础设施的分类

数字经济的基础设施通常被划分为两种类型：一种是专门设计的，另一种则是混合类型的。数字化的基础设施，如光纤宽带、无线通信网络、云资源池等，构成专用型数字经济基础设施的本质。数字经济基础设施的专用型分为网络基础设施和平台基础设施两大类，这两类设施的属性各异，但都是为了满足不同需求而设计的。数字基础设施的混合型是一种传统实体基础设施，它融合了数字化元素，从而形成一种全新的数字化形态。在互联网技术高速普及的今天，越来越多的企业开始利用互联网构建自己的数字化系统。如自来水总管和数字化交通系统等，均已安装了传感器等高科技设备。数字经济的繁荣离不开这两类基础设施的协同作用，它们共同构成数字经济发展的基石，为数字经济的蓬勃发展提供了坚实的保障。

2. 数字经济基础设施的作用

数字经济基础设施主要实现了数据的存储、分析、传输和交互，以及通过数字化方法对传统基础设施的管理、调度和控制等。随着移动互联网、大数据、云计算等技术和产业的发展及“中国制造 2025”“互联网 +”、智慧城市建设等为代表的传统产业和传统领域的数字化，每时每刻都在产生大量的、各种形式的数据。这些数据只有通过基础设施进行传输、计算、存储，才能用于数字产品的生产和消费，从而成为新的增长点。

3. 数字经济基础设施的特点

与传统基础设施相比，数字经济基础设施具备演进性、泛在性、动态性和自主性等四大特征。

（1）演进性

演进性是指随着技术进步，数字经济基础设施可以根据需求的变化进行不断升级。以移动通信网络为例，2G 到 3G 的演进满足了互联网由固定到移动的扩展，3G 到 4G 的演进满足了移动场景下高清视频、直播和 VR 游戏等各种新需求，4G 到 5G 的演进又将满足无人驾驶等更加实时、智能的需求。数字经济基础设施的升级速度较传统基础设施速度更快、兼容性更好。

（2）泛在性

泛在性指的是数字经济基础设施更容易大范围普及，满足更多的应用需求。数字经济基础设施使得用户能够低成本、低门槛地使用丰富的信息化应用。当前第一产业、第二产业、第三产业几乎所有的行业都用到了以移动网络、光宽网络、云计算等为代表的数字经济基础设施，而且依赖程度逐渐加大。数字经济基础设施已经和传统基础设施一样不可或缺。

（3）动态性

动态性指的是数字经济基础设施的服务提供过程更加灵活，能够实时调整自身的各种属性来适应具体的业务和应用。如用户在使用云计算服务时可以根据业务需要定制存储和计算能力，并且云平台能够根据业务并发量自动采取合适的资源调度策略，保证每个用户的使用需求。

（4）自主性

自主性指的是数字经济基础设施高度自动化，人为干预的成分非常小，无论是连接、存储还是分析都由系统自动完成，出现错误时可以自动矫正或重启，恢复到错误之前的状态，也会根据预设自动调整性能和容量满足不同需求。

（二）数字经济基础设施的转型升级

1. 网络基础设施加速向高速率、万物互联、智能化升级

网络基础设施是数字经济基础设施的核心，是“基础的基础”，主要由通信网络、互联网和物联网组成。过去十年，网络基础设施发生了翻天覆地的变化，在速度、覆盖、时延等方面提升明显。然而，由于其设计的复杂性、开放性的不足以及调整效率的低下，传统网络已经无法满足下一代应用和业务对基础网络设施更加简单、开放、灵活和广泛的需求。

（1）更简单

为了创造出多种新的、不同性能的系列产品，并最终形成更为优秀的产品形态，需要一种基础网络功能简单易用、界面友好的组合方式，以便方便地将网络功能元素与其他功能要素相互融合。

（2）更开放

互联网企业的业务设计方式已经从以用户为中心转变为以用户为中心，通过深度参与业务设计，实现更高效、更精准地控制和满足用户需求的目标。随着互联网行业不断发展，对产品功能及性能要求越来越高，传统的开发模式已无法满足当前互联网企业的快速成长与壮大需要。因此，互联网企业渴望实现更加开放的网络环境，简化调用和配置流程，并通过产业链上下游的紧密合作，轻松构建一个完整的系统框架。

（3）更灵活

随着互联网业务的快速迭代，网络的拓展架构必须具备高度的灵活性和适应性，以适应其不断变化的业务需求。

（4）更广泛

随着产业互联网的发展，工作方式和环境将迎来一场全新的转型。随着物联网技术的发展，人类社会进入了“万物互联”时代。在 5G、虚拟化、万物互联和 IPv6 等新技术的推动下，传统网络基础设施正在向新一代网络基础设施转型，以互联网化应用为核心，强调以人为本和以应用为本，以满足“资源 + 通信 + 信息应用”的全面服务需求。5G 网络定义全新应用场景。移动互联网的高速发展使得社会对移动网络的需求超过固定网络，目前移动网络接入设备和数据流量均已超过固定网络。4G 网络已基本满足高速泛在应用需求，但却无法满足高清语

音视频、无人驾驶、人工智能、虚拟现实等新技术的应用场景中高可靠和低时延的需求。

与4G网络相比，5G网络不仅传输速率更高，而且在传输中呈现出连续广域覆盖、热点高容量、低功耗大连接和低时延高可靠的特点，将成为未来信息社会的重要基础设施和关键使能者。

5G的技术创新可在传统行业领域拓展出全新应用：①超可靠低时延场景，如在线游戏和车联网；②低功耗大链接场景，如智慧城市、工业制造；③增强移动宽带业务场景，如VR/AR视频、演出和赛事等人群聚集地区的网络使用保障。其中，5G在生产领域的应用创新将会带来巨大的影响：首先，随着生产制造设备的无线化，工厂得以实现模块化生产和灵活制造；其次，借助无线网络，工厂和生产线的建设、改造施工得以更加高效便捷，同时通过无线化技术，可大幅减少维护工作量，从而实现成本的降低；再次，在智能制造自动化控制系统中，低时延的应用范围十分广泛，尤其是在对环境敏感的高精度生产制造环节和化学危险品生产环节等领域；最后，自动化控制系统和传感系统在工厂中的操作范围涵盖从几百平方千米到几万平方千米的广阔区域，甚至可能呈现出分散式的部署。因此，对于大规模工业控制而言，无线通信网络无疑成为一种不可或缺的基础设施。由于生产场景的多样性，制造工厂所处的生产区域内可能存在着数以万计的传感器和执行器，因此需要依赖通信网络的海量连接能力来提供支撑。5G的未来将不只是一次技术升级，而是为我们提供了一个广阔的技术平台，从而催生了无数全新的应用和产业。

当前5G标准正在加速制定过程中，主要由3GPP主持修订。

在经历了“2G跟随、3G突破、4G同步”之后，5G时代中国正奋力谋求获得“领跑者”地位，立志占据5G技术制高点，引领世界产业的发展。网络建设方面，我国三大运营商的5G测试在2017年全面进入第二阶段，在2019年试商用，2020年全面商用。

2017年是5G发展的标志性一年。2017年12月20日，3GPP第78次会议正式宣布3GPP 5G NSA标准冻结。中国、美国、日本、韩国和欧洲等国家和地区的5G，在技术研究、应用探索等方面得到了一定的发展。中国也完成了第二阶段的产品互通试验，领先设备商推出了端到端5G预商用系统，为2018年的5G

预商用奠定了基础。在应用探索方面，对低时延的车联网应用，2017 年 LTE-V2X 产业发展进入快车道，3GPP Release 14 基于 LTE 的 V2X 标准化工作已于 2017 年 3 月完成；我国 LTE-V2X 相关标准于 2017 年年底基本完成。在物联网方面，当前 NB-IoT 实现了小规模商用。

万物互联开启智能化时代新阶段。互联网逐渐满足了人与人之间的通信需求，然而要实现人类社会的智能化，万物互联是必经之路，根据调研机构预测，到 2020 年，世界上有超过 500 亿台设备实现联网，有超过 2 120 亿设备与 300 亿自动连接的设备，传输数据量会超过 3 000 万兆数据。物联网产生的海量数据可以帮助我们更好地了解这个世界，做出更为准确的判断和更为精准的控制。

物联网主要有三个关键技术分别是连接、标志及数据的操作。物联网是设备通过无线技术的连接方式将数据传送到物联网系统，无线连接是系统中极为重要或最为薄弱的链路，因此，选择一种能够匹配设备及其周边环境的无线技术非常重要。目前，行业中共有 12 种无线技术可供物联网应用场景选择，其中以授权频段 NB-IoT 最为典型，被广泛应用于各大领域。

NB-IoT 技术具备强链接、高覆盖、低功耗、低成本的特点，相比非授权频段技术安全性高、干扰小，与现有蜂窝基站复用不需独立组网，是标准化程度高的优势，是未来支撑广域低功耗业务场景的主流技术。当前中国电信已建成世界范围内第一张，也是最大的一张 NB-IoT 商用网络，支撑智慧城市等行业的快速发展。

物联网平台是指同时具备设备管理、数据存储和业务使能的综合性平台，一般能够兼容多种物联网设备接入和通信协议，支持连接管理、设备认证、流量控制、数据汇聚、安全保障、业务使能等能力，并通过开放 API 供上层业务和应用调用。通过面向传统行业和政企客户的定制化物联网应用解决方案，支撑传统行业的数字化转型。未来同时具备设备管理和业务使能的综合性平台将逐渐显现出优势，成为产业主流。虚拟化技术支持网络架构转型升级。移动网络与物联网都是接入网络，由光纤宽带构成的核心网承担了所有的数据传输重任。当前核心网络的总体结构由两个主要的功能层级和多个子层构成，即“传输承载”和“业务控制”，形成一个复杂而封闭的系统。同时，IT 支撑系统作为其辅助系统，以确保网络的正常运行，从而保证业务的独立运营。

但同时也存在一些根本性的问题：①网络由大量单一功能的专用设备构成，结构复杂缺乏灵活性；②网元封闭，设备功能扩展性差；③形成“业务烟囱”，每个新业务都要开发新设备、新协议，不同业务彼此难以融合，无法快速灵活部署；④运营复杂，成本居高不下。因此未来网络架构需要进行重定义设计，以进一步巩固网络发展基础，提升公共服务水平。

未来网络整体架构将向智能化的方向发展。通过深化开源技术应用，引入SDN/NFV/云等新技术，构建新型的简洁、敏捷、开放和集约的智能型网络；网络的层级、种类、类型、数量和接口的精简，使得运营和维护的复杂度和成本得到了有效地降低；敏捷指网络提供了高度灵活的软件编程能力，使得网络和业务的快速部署和保障变得更加容易实现，同时资源的弹性也得到了可伸缩的优化；网络的开放性和便捷性能够促进其主动适应互联网应用的需求，从而形成一种丰富的开放能力；网络资源的集约性在于其能够实现统一的规划、部署和端到端运营，从而在一定程度上避免了分散分域的影响。

网络重构的重点是敏捷和开放两方面。一方面，敏捷网络提供业务随选的能力。当前的网络特性是高速泛在的，无论何时何地都可以具备超高带宽的网络连接，然而用户的多元化需求却无法很好地得到满足，传统大型企业对价格不敏感，只要求有专网保证带宽和速率，云端接入体验好即可，动态调整的需求也有限。而越来越多的小微企业对价格十分敏感，而且业务发展速度快，希望配套信息服务能够及时跟进，另外还有金融医疗、园区楼宇商场等，都有特殊的需求。随选能力正是为应对此种情况而生，它包括带宽随选、路径随选、网络功能随选、“云＋网”一站式服务、用户自服务门户。适用的场景有点到点、点到数据中心、点到互联网。另一方面，开放网络提供资源自动配置能力。传统面向大众市场的业务已经趋于饱和，面向企业客户的市场是发展重点。企业客户更需要融合营商能力与互联网能力的融合通信/云通信。通过能力开放平台，运营商将原本彼此独立的网络资产（如语音、流量、短信、计费、定位、安全、服务质量保障等）以应用程序编程接口的形式开放给业务合作伙伴，通过更灵活的解决方案和商业模式聚合应用开发者、互联网业务提供商、行业企业终端形象识别，共同打造云通信生态。

当前国内外先进运营商都在进行网络的智能化转型升级，美国AT&T最早开始也最为成功，国内的中国电信发布 CTNet2025 计划，预计在 2025 年左右实现整体网络的虚拟化和智能化。

IPv6 助力互联网摆脱限制升级换代。随着全球范围内互联网 +、物联网和工业互联网等网络应用的深度融合，对 IP 地址的需求将持续攀升。2020 年，中国 IP 地址的需求量已超过 100 亿元，IPv6 是下一代 IP 协议 IPv4 的一种替代版本，可为数以千亿台设备提供网址，为万物互联奠定了坚实的基础。我国早在 IPv6 试验和应用方面就取得了重要的阶段性成果，为技术研发、网络建设和应用创新奠定了坚实的基础，并具备了大规模部署的条件。IPv6 的规模部署，对于构建下一代互联网的高速率、广普及、全覆盖、智能化具有至关重要的意义：首先，IPv6 是互联网发展升级的不可避免的趋势，因为全球互联网使用的第四代互联网协议（IPv4）面临着严重的网络地址不足和无法保证服务质量等问题，而 IPv6 能够提供充分的网络地址和广阔的创新空间，被广泛认可为下一代互联网商业应用的解决方案。其次，IPv6 为技术产业创新发展提供了巨大的机遇，促进 IPv6 规模化应用将使互联网技术产业生态得到全面升级，对网络信息技术、产业和应用的创新与变革产生了深远影响。最后，IPv6 的广泛应用是网络安全能力提升的紧迫需求，推动 IPv6 规模化应用为解决网络安全难题提供了全新的平台，为提升网络安全管理效率和创新网络安全机制提供了崭新的思路。

和 IPv4 相比，IPv6 协议主要在地址长度、IP Sec 可选扩展、数据报头服务质量支持等方面做了扩充和优化，正是由于这些技术上的改变，以 IPv6 为核心的下一代互联网相对于建立在 IPv4 协议上的现代互联网有以下优点。

①地址充足。IPv4 的 32 位地址扩展到了 IPv6 的 128 位地址。

②简单快捷。简化固定的基本报头，提高处理效率。

③扩展方便。引入灵活的扩展报头，协议易扩展。

④层次结构。地址格式更具层次性，便于路由聚合。

⑤即插即用。地址配置简化，实现自动配置。

⑥内置安全。网络层的 IPSec 认证与加密，提高端到端安全。

⑦服务质量考虑。新增流标记域，提升 IP 服务质量特性。

⑧移动便捷。Mobile IPv6 更好地解决 IP 移动性。

2. 平台基础设施向云与边缘计算融合化及感知智能化方向发展

平台基础设施是在网络技术设施之上，聚合存储、计算、分析等通用能力并以标准 API 或 SDK 形式对外开放，以供上层应用调用的软件系统的统称。平台基础设施的发展是动态的，一般而言，信息通信领域创新技术都是专门为支持某项业务而生，如果某项技术的通用性越来越强，被越来越多的业务所使用，此项技术就会逐渐脱离应用层，下沉成为平台基础设施的通用能力。早期的云计算和大数据、当前的人工智能和区块链、未来的边缘计算都属于这类通用型技术，它们共同构成信息基础设施的平台部分。平台基础设施的作用将逐渐超过网络基础设施，为数字资源的管理和上层应用提供坚实的基础。

平台基础设施具备集约性、受技术驱动演进速度快、自动化运营要求高、弹性／柔性四个特征。首先，是集约性，平台基础设施多数汇聚了应用所需的各种通用能力，将以往需要多个步骤、多地解决的问题汇集在一起解决，极大地提升了效率。其次，是受技术驱动演进速度快，相比于下层的网络技术设施，平台基础设施更软件化虚拟化，更贴近应用，可以根据应用的实际需求快速做出调整，如为满足中小企业入云需求，云平台由私有云向公有云过渡，又迅速演化出边缘计算满足海量物联网设备接入的需求。还有就是平台基础设施的自动化运营要求高，平台基础设施诞生的目的就是要自动高效地处理业务流程，减少故障提高效率。例如，人工智能平台，就是将多种人工智能算法聚合在一起，自动处理数据得到分析结果。弹性／柔性指的是平台技术设施的部署、改变都是非常简单的。既可以集中部署也可以分布式部署，同时可以根据任务量灵活增减。例如，云计算平台，可以在一个大的资源池里灵活划拨应用所需资源，实时调整减少运营成本。

云网加速融合，公有云占比增大。云计算发展较早，技术成熟度和平台的普及程度较高。技术方面，未来将会有几点变化：首先，容器技术将助力云计算进一步发展；其次，是更加高效的 Unikemerl 技术；再次，还有 X86 在基础计算架构领域一统天下的局面将改变；最后，是云计算与物联网技术的结合成为新的技术与业务发展方向。

平台方面，云计算平台技术成熟度高、功能相似、性能接近，同质化趋势明显。访问云的网络连接质量、使用便捷度逐渐成为影响云平台使用感知的关键，运营商、互联网公司及专业第三方等都已经高度关注云的接入质量和体验。因此，云网融合，即网络随云资源池需求而动态调整，计算、存储和网络资源统一分配调度成为行业发展的趋势。国内外领先云服务商如亚马逊、阿里都推出了云间高速网络，中国电信、日本 NTT 等运营商也为云业务优化了专网设施。

产业方面，目前包括微软、谷歌、亚马逊等在内的国际厂商都有公有云服务，由于价格低廉，部署方便，并且具备很好的灵活性，很多企业都选择公有云作为 IT 基础设施。国内厂商阿里巴巴、百度、盛大等也在提供类似服务。我国公有云市场虽起步相对较晚，但发展迅速，近几年增速都在 40% 以上。成熟的公有云产业为我国的产业智能化转型、中国制造 2025 和“互联网 +”提供了坚实的基础。

云计算的中心化能力在网络边缘存在诸多不足，物联网、智能制造的新需求驱动了边缘计算的兴起和发展。云计算的不足主要体现在以下四个方面。

第一，由于海量边缘数据的爆炸式增长，集中式云计算的线性增长能力已经无法胜任。

第二，由于传输带宽负载的急剧增加，导致网络延迟较长，这使得控制类数据和实时 / 准时流式数据传输的需求变得难以满足。

第三，云平台的安全性与应用软件、平台、操作系统、多段网络、权限管理等因素息息相关，尤其是边缘数据的隐私和安全问题备受瞩目。

第四，数据从边缘设备传输到云平台需要消耗大量电能，而从云平台获取数据到设备现场也需要进行二次处理以消耗能量。

新的需求驱动主要体现在以下两方面。

一方面，随着网络覆盖的不断扩大、带宽的不断增强以及资费的逐步降低，万物互联催生了全新的生产和商业模式，从而催生了全新的数据生产和消费方式。

另一方面，智能制造：离散制造和流程制造亟待靠近现场、能提供可靠性强、实时性 / 准时性强的 ICT 系统，以实现 IT 与 OT 深度融合所需的局部数据闭环。

边缘计算是继云计算之后的一个理念创新，可以在边缘端解决以上问题。边缘计算特指在靠近物或数据源头的一侧，调用平台的计算、存储、应用核心能力，就近提供服务。边缘计算和云计算并不会相互排斥，而是相互融合创新，推动新的产业变革和创新。

边缘计算已经成为平台基础设施的新战场：主要用于工业互联网和智慧城市

等新场景，具备 CROSS 价值，成为连接物理与数字世界的关键，具备以下优势。

连接的海量与异构（Connection）、业务的实时性（Real-time）、数据的优化（Optimization）、应用的智能性（Smart）、安全与隐私保护（Security）。边缘计算需要 IT 管理、OT 控制，通过 CT 连接走向融合。

智慧城市及工业互联网边缘计算网关将成为基础设施端与云平台端重要的中间环节，将融合多种多元化的异构协议解析和业务模型及学习算法等能力。

开放边缘计算，催生产业新生态：边缘计算将与硬件终端、网络连接、云平台及应用组成完备行业智能化生态体系。人工智能走向商用，成为智能化升级的核心。人工智能可以理解为让机器具备类似人类一样观察、总结、推理问题的能力。在计算机系统中，“经验”通常以“数据”的形式存在，因此，机器学习是从“数据”中产生“模型”的过程。有了“模型”，之后再遇到新的问题，代入模型就可以得出结论。深度学习以神经网络为架构，海量数据为原料训练算法，数据量越大深度学习的结果越好，从而提供更好的服务，获取更多的数据，这些数据反过来又可以用于训练，良性循环。根据发展方向不同，人工智能分为语音识别、图像识别、语言理解、机器人等应用技术。语音识别、图像识别是目前最成熟的两种，普遍准确率都超过 90%。和文字相比，语音更加自然简单，同时输入效率更高，解决了汽车、手表等设备不方便文字交互的问题，因此语音被认为是下一代人机交互的主要形式。图像识别的重要应用是人脸识别，通过提取人脸特征信息实现在金融、安防等领域的应用。

人工智能有望引领未来技术浪潮，但它的发展需要其他技术如云计算、大数据和物联网等共同助力推动。

谷歌和百度等知名互联网公司均将人工智能作为公司下一阶段发展重点，已经对外提供人工智能平台，即承载通用型的人工智能技术并向外提供服务。

当前我国从政府、研究机构到产业都对人工智能技术及应用非常关注，已经将其提升到关系国家发展战略的层面。

区块链解决平台中心化，成为价值传输基础设施。区块链是一种分布式的数据存储系统，云计算平台的一种体现形式。互联网构建起了信息传输的高速公路，但仍然不能很好地解决价值传输的需求，中心化成为瓶颈。如果网络上大家的交易都通过一个中心化的平台，势必造成这个中心过于庞大，提高了交易成本，降低了交易效率。区块链技术最开始是为解决交易的中心化问题而产生的，它通过让集体共同维护一个分布式的账本，很好地解决了这个问题。区块链具备很多优势，如去中心化、分布式记录存储、信息安全透明、交易脚本可编程等，所支持应用越来越多，已超出互联网金融延伸到各个行业：在金融行业，高效低成本解决信用中介问题；在生产行业，保证数据安全，实现供应链同步；在文化娱乐行业，保护版权等数字资产；在商业领域，实现“智能合约”，合约条款由网络强制执行，无法否认或修改。当前区块链技术仍在探索期，未来将会得到大量应用，成为平台基础设施重要的组成部分。

3. 传统物理基础设施的数字化融合

随着数字经济向融合领域延伸，数字经济基础设施的概念更为广泛，不仅包括信息基础设施本身，而且包括传统物理基础设施中与信息基础设施相融合的部分。数字化赋予了物理基础设施中流动的比特新的意义，通过数字化使社会生产、商业运作与物理实体解耦从而更加方便灵活易用（如移动支付、社交网络）；并且通过对数字信息的重新组织与处理，挖掘其中新的机会与价值（如大数据分析）。简而言之，信息基础设施是连接物理基础设施与数字经济世界的纽带，是数字世界中商业创新、交互与送达的引擎。

新一代信息技术快速成熟并应用于各种传统行业，为传统行业带来创新和业务量的快速增长、经济效益提升，从而正向拉动传统行业基础设施建设和重构。同时，信息基础设施的快速发展也离不开完备的、无处不在的传统行业基础设施的支撑，两者呈现相辅相成、螺旋式上升的关系。这里将选取工业互联网和能源互联网两个典型行业的基础设施数字化型详细阐述。

（1）工业互联网

随着全球范围内新一轮科技革命和产业变革蓬勃兴起，工业互联网作为当前新一轮产业变革的核心驱动和战略焦点，日益成为新工业革命的重要基石。

在工业互联网中，网络扮演着支撑工业系统互联和工业数据传输交换的重要角色，通过实现工业全系统的互联互通，推动工业数据的无缝集成，从而实现产业上下游、跨领域的信息集成共享；平台作为工业智能化的核心驱动力，通过整合工业数据、构建全周期管理与应用模型，实现机器的柔性生产、运营管理的优化、生产协同组织和商业模式的创新，从而推动工业智能化的发展；网络与数据在工业中的应用，需要建立一套全面的安全防护体系，以确保工业智能化的实现，这就是安全保障。

在工业互联网中，网络化指的是将机器、原材料、控制系统、信息系统、产品以及人类之间的各种连接形式，从物理层面到应用层面，实现了互联互通。随着信息通信技术在工业领域的快速渗透，工业网络化需求的性能不断提升，类型不断丰富，从而极大地扩展了传统工业网络的内涵和外延，为工业互联网的蓬勃发展奠定了坚实的基础。中国信息通信研究院与中国电信集团公司于 2016 年联合发布的《工业连接计划白皮书》中，特别强调了企业内部和外部之间的紧密联系。企业内的互联关系涵盖现场设备、工厂控制系统、私有云平台以及生产工人四大类对象，这些对象之间相互连接，形成一个完整的网络；企业外的连接则是指不同行业或组织之间的互联关系，包括政府机构、科研机构等对企业的互联关系。企业与公有云平台之间的互联关系、企业与智能产品、用户之间的互联关系，以及工业互联网发展所带来的四种应用场景，分别是推动智能化生产的智能生产场景、促进网络化协同的网络协同场景、促进个性化定制的用户定制场景和促进服务化转型的服务化场景。

工业互联网的健康发展离不开对安全的高度重视和保障。随着信息化和工业化的深度融合，我们需要迅速建立多层次的安全保障体系，包括设备、控制、网络、平台和数据等方面的安全，同时加强推进攻击防护、漏洞挖掘、入侵发现、态势感知、安全审计、可信芯片等安全产品的研发和推广。其中，数据存储在工业云中的具有极高的敏感性，因为它涵盖工业公司的知识产权和商业秘密，这是公司核心资产的重要构成元素。某些数据信息甚至与国家安全息息相关，所以任何数据的盗取或破坏都将带来一定的经济影响、社会后果，甚至威胁到国家安全。由于工业系统的重要性，工业云可能会面临更多的威胁，与通常 IT 环境下的云相比，必须更加重视安全性和恢复能力，当前的信息安全处于持续攻击的时代，即从“应急响应”到“持续响应”的处理过程。

（2）能源互联网

能源互联网是一种将先进的电力电子技术、信息技术和智能管理技术应用于大规模的分布式能源采集装置、能源储存装置和各种负载构成的新型电力网络、石油网络、天然气网络等能源节点之间相互连接，从而实现能量双向流动、能量对等交换和共享的网络。能源互联网和信息通信基础设施之间存在紧密的联系，首先它运用先进的传感器、控制和软件应用程序，将数以亿计的能源生产设备、能源传输设备和能源消费设备连接起来，从而构建了能源互联网的“物联基础”。能源互联网的生命体特征实现离不开大数据分析、机器学习和预测等关键技术。通过整合运行数据、天气数据、气象数据、电网数据和电力市场数据等信息，能源互联网可以进行大数据分析、负荷预测和发展趋势预测等工作。

能源互联网主要由 5 大核心要素构成。

①可再生能源：作为能源互联网的主要供能源，可再生能源在发电过程中显示出周期性和波动性。这些特性在大规模并入电网时，可能对电网稳定性产生挑战，从而推动传统能源网络向能源互联网转型。

②分布式系统：鉴于可再生能源的分布式特性，为了最大化收集和利用可再生能源，需要建立地域性的收集、储存和使用能源的网络。这些网络规模较小，分布范围广，每个微型能源网络作为能源互联网的一个节点。

③网络互联：分布广泛的微型能源网络无法完全自供自足，需通过网络互联进行能量交换，以实现能量供需平衡。能源互联网致力于连接由分布式发电装置、储能装置和负载组成的微型能源网络，而传统电网更注重如何将这些元素并入。

④开放性：能源互联网构建了一个等级平等，能量双向流动的能源共享网络。发电装置、储能装置和负载可即插即用，只需满足互操作性标准，即可自主接入。

⑤整合：在构建能源互联网的基础设施时，不能完全抛弃现有的传统电网，尤其是已经投入大量资金的传统电网骨干网络。在构建能源互联网的过程中，应考虑对传统电网的基础设施进行改造，并将微型能源网络整合进改造后的大电网中，形成新的广泛分布的能源共享互联网络。

在能源互联网中，智能电网是一个不可或缺的组成部分，它涵盖智能发电、智能用电、智能储能、电力价值链外的智能服务以及智能交易等方面。智能电网仍然依赖传统电力业务和专网通信系统，缺乏开放性和相对封闭性，因此无法与其他系统实现无缝融合。能源互联网是一种基于物联网和现代互联网的系统，旨在为可再生能源提供服务。该系统采用基于标准接口的开放式设计，对各种用电设备（包括智能家电、电动车和分布式能源）开放，实现信息和能源的共享，而这些资源可以在现代互联网上进行。智能电网作为能源互联网的萌芽，标志着能源互联网进入初级发展阶段。随着能源互联网的不断发展，智能电网正朝着更加开放的方向不断演进。

能源互联网的兴起将彻底改变能源的生产和利用方式，推动能源供应向分散化和网络化共享的方向转型。在未来，能源互联网的实践将依赖分布式发电和智能微网、电动汽车 ETG、输配电、配售电分离侧，以及智能设备、大数据云平台、电力交易市场等领域的不断发展，以提高能源利用效率、降低能源系统风险。

在先进的信息技术基础上，能源互联网将打破以往相对独立的各种能源类型之间的界限，形成一个以电力系统为核心、多种类型能源网络和多种形式交通运输网络高度整合的全新能源供给利用体系。在水平方向上，它能够实现不同种类的能源之间的相互补充，从而实现能源的多元化利用；在纵向上，能有效提高各类能源效率与利用率。在纵向层面上，它实现了能源的全过程协调，包括开发、生产、运输、存储和消费，形成一个完整的“源—网—荷—储”的体系。

（三）推动数字经济基础设施转型升级的建议

1. 树立引领意识，重点领域超前部署

当前我国在移动通信网络 5G、人工智能及区块链等领域都具备国际领先优势，应树立引领意识，将优势进一步扩大。通过技术创新驱动基础设施向更广、更深、更强发展。努力成为移动通信领域 5G 标准和技术的全球引领者之一。掌控智能网络、下一代互联网、物联网领域的关键技术。实现人工智能、云计算、大数据、边缘计算、区块链、软件定义网络、网络功能虚拟化、操作系统、智能传感器等关键技术突破。实现信息通信技术研发和应用在军民融合多领域、多方向深度发展，并且加速产业化落地，利用中国庞大市场优势作为技术验证的试验田，待成熟之后抢占国际市场。

2. 加大信息基础设施投入和建设力度

加快构建新一代信息基础设施，为我国经济社会转型、全面发展数字经济提供坚实保障。我们可以从以下 3 个方面进行改进。

①支持高速宽带网络建设，以超高速、大容量光传输技术升级骨干传输网，以光纤到户为基础推动大中城市家庭用户接入升级，以 4G 网络深度覆盖为重点推动无线宽带网络深度延伸覆盖，加快 5G 研发进程。

②按照市场需求灵活部署物联网、云计算中心、大数据平台等应用基础设施，加大城市公用设施、电网、水网、交通运输网等智能化改造力度，推动政务、行业信息系统向云平台迁移，深化物联网在电力、能源、交通、城市管理、工业制造、现代农业等重点领域的部署和应用。

③为了促进工业互联网的快速发展，需要重视制造业作为实体经济的主要部分。应优先推进制造业的数字化、网络化和智能化进程，搭建高速度、高可靠性、低延迟，且组织灵活迅速的网络连接体系。同时，还需要完善工业云服务和工业大数据等关键技术应用平台，以支撑这一进程。

3. 技术与产业结合，资本与市场驱动快速发展

培育形成一批具有国际影响力和产业引领能力的企业。鼓励基于互联网的大众创新、万众创业。实现技术研发、基础设施建设和部署、新业态培育的良性互动。积极推动信息通信技术与农业、工业制造、交通运输、生活服务等行业的深度融合。形成网络经济与实体经济良性协同的发展格局。鼓励信息通信产业走出国门，参与国际竞争，借助“一带一路”倡议实施，向国外输出好的产品和理念，与其他国家同行业共同分享宝贵经验，提高国际影响力和话语权。

4. 推进基础设施平台与数据的标准化

标准是互联互通、信息共享、业务协同的基础，统一的标准对促进信息通信产业发展及在传统行业中的推广应用具有一定的作用。一是推进平台的标准化，即提供标准的能力开放接口及调用规范；二是数据的标准化，即制定统一的数据存储与传输格式，实现不同平台之间的功能调用、数据共享，提高平台之间的联动性与功能划分，避免平台功能的重复性开发和数据多次处理的资源浪费。加速构建和完善前沿领域的5G和工业互联网标准体系，积极争取在国际标准制定中占据主导地位；加大对重点标准化项目实施力度，提升标准化工作水平，促进我国智能经济健康持续发展。协同行业监管机构、研究机构、制造企业和安全厂商等合作，共同研究制定相关的管理、技术和测评标准规范，以推动自主知识产权标准成为国际标准，从而提升产业发展的主动权。

5. 建立健全立法与安全保护

网络信息技术与各领域融合的广度、深度、速度都在逐步深化，网络空间的一些问题同时也融合到各个行业中去，成为数字经济发展面临的共性问题，如网

络安全、数据管理、个人信息保护、知识产权保护、平台责任等。强化信息基础设施的安全与防护是发展信息技术设施的重中之重，要以维护国家安全为直接目标，增强风险意识和危机意识，统筹安全与发展、开放与自主的关系，突出动态化、综合化的防护理念，着力提升信息基础设施安全防护水平。首先，要加快信息基础设施演进升级、加强核心技术自主创新、提高关键软硬件产品自主可控水平；其次，结合《中华人民共和国网络安全法》建立健全信息基础设施安全标准体系和审查制度；再次，加强网络安全技术方法的研究和运用，攻防兼备，以技术方法支撑安全；最后，制定网络与信息安全人才培养规划，形成高等教育和社会培训相结合的人才培养机制，以人才队伍强化安全。

二、平台经济助力数字经济转型升级

全球市值最大的十家公司中，有七家是数字经济中崛起的平台型公司。而在十年前，最大市值的十家公司几乎都还是石油、银行和工业企业等传统行业企业。十年间，数字领军企业以技术为支撑，创建产业平台这一新的商业模式，重塑了产业生态，开创了平台经济新局面。中国企业转型升级，必须拥抱平台经济，加速数字化转型。

（一）平台经济概述

1. 平台经济的特征与分类

（1）平台的特征

平台经济是一种技术驱动的新的经济形态，其核心是由多方参与形成的生态系统。参与这一经济形态的主体可分为三类分别是平台所有者和运营者（在某些情况下可能存在差异）、供给端平台使用者（如产品和服务提供商）以及需求端平台使用者（如消费者和用户）。平台经济模式下，供给端平台使用者和需求端平台使用者借助平台实现互动与交易，共同完成价值创造流程。平台通过以下维度赋能价值创造流程：价值主张、价格的撮合、交易双方的保护、互动的个性化及合作伙伴关系的形成。

企业融入平台经济，将通过在全新的平台生态系统中创造价值，重新定义未来的发展。平台经济的核心价值来源于以下三个原则。

第一，网络效应/双边市场。当两大用户群体（通常指生产者和消费者）相互产生了网络价值时，便会形成网络效应和双边市场，而这种互惠互利则能推动供需双方的规模经济。在越来越多互联用户和交易的支持下，平台的网络效应将进一步扩大，价值进一步提升。

第二，幂率—马太效应与长尾分布。一方面，平台带来的低成本互动与交易，将打破地域等限制，极度放大强势使用者的优势，形成垄断，即所谓头部的马太效应；另一方面，平台经济的规模效应，能够支持企业在分布曲线的“长尾”中盈利，避免利润在传统（线性）价值链中不断缩水。

第三，非对称性增长与竞争。通过互补服务来推动核心市场的需求，这些服务往往以补贴（或免费）的方式向用户提供，并且跨越了行业边界。当两家企业以截然不同的方式和资源来争夺市场机遇，就会出现非对称性竞争。平台商业模式下，非对称性增长与竞争将成为常态。

（2）平台的分类

平台的类型多种多样。从不同的出发点入手，将会有不同的平台分类方法。我们将数字化平台分为交易类平台、社交与内容类平台和技术支撑/产业平台。

（3）平台经济的核心优势：数字化平台放大网络的乘数效应

拥抱平台经济，将成为助力企业高速发展的重要途径。借助数字化平台，企业将以低成本接触空前广泛的用户与合作伙伴，并与之高效互动，通过交易与协同将网络的乘数效应充分发挥。

在平台模式下，企业将以平台运营为基础，通过创造多元化的网络倍增效应，协助特定市场中的众多利益相关方实现其价值。随着平台的广泛普及，参与者和更多相关利益方均可从中获益，这将为他们带来更多的实际利益。

多年来，数字平台型企业在这一领域积累了丰富的经验和知识。以 Salesforce 为例，它运用其平台型生态系统，实现了指数级的增长，从而推动了企业、客户和终端用户之间的多方共赢。随着互联网技术不断发展和普及，数字平台型企业的商业模式也发生着变化。一方面，随着用户数量的不断攀升，应用提供者的收益也随之呈现增长态势；另一方面，平台的应用范围不断扩大，吸引了更多企业加入其中。在过去的十年中，Salesforce 平台已经被超过 10 万家企业所采用，并成功开发了超过 22 万个应用程序。平台型数字化企业，如苹果、谷歌、亚马逊等，也深谙数字化平台的网络倍增效应，其数字化平台已被开发者和用户广泛采用，并由此创造出巨大的价值。平台商业模式下，乘数效应创造的增长与效率，其本质是共赢而非零和，各方都从创新的模式所带来的增长与效率中分享价值。

2. 数字技术成为推动平台经济发展与推广的核心动力

平台经济，尤其是数字化平台的发展，离不开数字技术的驱动作用。

①移动数据通信服务的发展，使得平台的连接功能更加强大、便捷，能随时随地连接到更多的参与方。

②物联网的发展，让平台所连接对象的范围空前扩展，将实体的物理世界融入虚拟的数字世界中。

③数据分析技术及近来蓬勃发展的人工智能，使平台运营更加智能化、效率更高、用户体验更佳，并能通过数据变现等缔造出新的商业模式。

④云计算架构和一切及即服务（asaservice）的模式让平台更易于部署，使用成本更透明、低廉。

⑤应用编程接口和开源软件的发展与推广，使平台功能的扩展更为简便、效率更高。

3. 平台经济发展迅猛

（1）数字化平台催生众多数字企业巨头，获得资本市场青睐

过去十多年来，互联网和高科技平台巨头快速崛起。其迅速扩张的用户规模，不断优化的用户体验和创新的盈利模式，令人眼花缭乱的技术产品创新和丰厚的财务回报，使平台巨头成为资本市场的宠儿和职场的明星雇主。平台型企业在商业上的巨大成功，也给平台经济戴上了闪亮的光环，吸引了传统行业的广泛关注。有关传统行业如何借助平台运营模式提升运营水平，推动增长的讨论不绝于耳。

信息化与数字化时代，平台经济最先发轫于信息技术行业。以苹果为代表的创新的硬件厂商、微软和SAP等软件巨头，以及谷歌和亚马逊等互联网翘楚，都是数字化时代平台经济运用的典范。数字化平台模式之所以先成就于高科技行业，原因有两种：一是沉浸于数字技术的高科技企业，对于平台经济在价值创造方面的放大作用先知先觉，如由于互联网自身特性带来的更强烈的网络效应，数据驱动的智能化撮合带来的效率与效果的大幅提升，以及利用相关技术搭建并运

营平台的能力；二是相关行业技术发展迅速，产品生命周期不断压缩，厂商在最短时间内占领市场，实现投入产出最大化的动机十分强烈，因而愿意尝试新的商业模式，成为商业模式创新的早期实践者。迄今为止，高科技行业创造了很多基于数字平台的新的商业模式，她开源软件、众包众筹、基于 API 的开发者经济等。

今天，发端于高科技行业的平台经济的价值，被越来越多的行业所认知并重视，其借助平台经济迅速成长的事例，以及资本市场对于这一模式的认可，使传统行业高管面临越来越多“为什么不”的质疑。一方面，数字化平台企业相对传统行业的链状价值创造模式企业有明显的估值优势；另一方面，一些率先向平台经济转型的传统行业企业，也获得了资本市场更好的认可，企业估值超越同行。此外，互联网巨头通过对于传统行业的渗透，给传统行业企业带来了竞争压力，也让他们需要重新思考在未来的产业价值链中自身的定位。

目前已有不少传统行业领先企业试水平台经济，如菲亚特的车联网、迪士尼的魔力手环等。在中国，传统企业对于平台经济价值的认识也在不断加深，并开始付诸实践，在汽车、生活服务、消费电子、金融、能源等行业已经有不少公司开始尝试平台模式。

（2）物联网催生产业平台

物联网打破传统行业疆界，推动商业模式进化，移动互联网和物联网的快速发展与普及，促进了数字世界和物理世界的融合，使数字平台所连接对象的数量与种类空前扩展，平台经济的网络效应迅速放大，是平台模式从高科技行业向以产品制造业为代表的传统产业延展的重要催化剂。其中，基于物联网的产业平台是平台经济推动传统行业转型创新的重要模式。

产业平台是指处于同一产业价值链不同环节的企业，借助数字化平台实现信息与资源共享，运营协同及达成交易的新模式。借助于物联网的发展与推广，业务合作伙伴能利用各种应用程序或设备进行交互；通过技术平台，价值链中的所有业者均能成为数字平台系统的组成部分。此类产业平台的实例包括约翰迪尔公司的 MyJohnDeere 和高通生命公司的 2net，以及通用电气的 Predix 在许多行业，企业间争夺数字化产业平台的统治地位的竞争日趋白热化。以工业领域的应用为例，尽管工业市场的格局依然不甚明朗，但通用电气和西门子竞相增加投入，争夺先机。作为欧洲最大的工业制造集团，西门子正在迅速转型为一家数字服务公司，结合软件、平台和服务，为客户提供更好的解决方案。西门子数字化工厂的收入增长速度超过了整个集团的增长速度，而西门子的 MindSphere 平台也表现强劲。PLM 软件和数字孪生技术用于开发和优化新的解决方案，拥有一个共同的技术平台来支持员工合作。而该公司的 Next47 风险投资部门力求在未来五年内投资 10 亿欧元（1 欧元≈ 7.7952 人民币）开发 AI 和区块链等技术。

相关研究，物联网产业平台未来的发展将经历四个截然不同的阶段。第一阶段和第二阶段代表了当前的机遇，从运营效率着手，推动短期价值实现。目前这些活动正在有序推进。第三和第四阶段包括长期的结构性变化，会稍后发生。调查结果也印证了这一观点，即短期内物联网产业平台会产生营收与利润增长等数量影响，但长远看则将推动行业生态与格局发生质的变化。并且，这些颠覆性影响将在第三和第四阶段以成果经济和人机协作的形式呈现。

随着产业物联网逐步深入渗透至各行各业，它最终将产生拉动式经济效应——实时感知需求、高度自动化运行、灵活生产制造，并且完善各自网络。这一发展需要企业广泛应用自动化技术和智能机器，并在特定场景下实现对人工的替代。因此，未来员工队伍的面貌将发生巨大变化，而且在高度自动化经济中取得成功所需的技能组合也会发生显著改变。

4. 平台经济的发展趋势

平台经济诞生至今已有时日，随着作为驱动因素的数字技术的不断发展，平台经济的内涵也不断演进，呈现诸多新的发展趋势。

（1）多样化

平台经济的不断发展，使平台类型越来越丰富，平台的撮合交易、促进互动和资源共享的基本功能不断产生新的实现方式和组合方式：从聚焦营销环节的电商平台，到以创新模式供应生产要素，如资本、技能与经验的众包众筹等。同时，如同自然界中的生态圈，一个成熟的平台系统中参与者的种类也将越来越多样化。以电商平台为例，从最初的连接买卖双方撮合交易，到今天的包括网店代运营、数据分析服务，乃至相关的咨询与培训提供商等种类繁多的增值服务提供者。多样化的平台参与者将令平台的功能更加强大，也将不断提升平台的抗御风险的能力，使之成为平台成员持续运营的重要依托。

基于物联网的产业平台的发展，是平台多样化趋势的重要动力。不同行业迥异的行业属性与特征成为产业平台多样化的基础。

（2）智能化

数字化时代，基于数据分析的数字化运营成为确保平台系统竞争力与生命力的重要保障。一方面，数据分析产生的洞察，将使互动撮合与资源共享的平台基本功能更智能化地实现，提升用户体验，提高平台系统的价值创造效率；另一方面，大量发生在平台之上的互动与交易，将积累大量数据。这些数据经过分析整理之后，将为第三方带来巨大价值，因而诞生了数据变现的商业模式，为相关各方带来新的营收来源。

（3）集群化

平台经济不断进化的方向之一是集群化，即不同平台间的连接，实现端到端的价值创造。还以 B2C 电商平台为例，从最初解决信息不对称为目的交易撮合，逐步发展到涵盖价值创造不同环节的支付、物流、广告等，每一个环节都自成平台，同时多个平台之间的数据实现流动与分享，构成面向同一目标用户群的端到端的平台集群，使整个客户价值创造流程平台化。今天，平台集群化的趋势在 B2C 领域迅速发展，而未来在 B2B 领域，基于物联网技术，以数据分析为核心实现智能化运营的工业领域的平台集群也将获得发展，沿着行业价值链不断延伸。

（二）平台经济催生新动能，助力转型升级

1. 外部环境变化提高转型升级紧迫性

（1）宏观环境挑战增多，旧有增长模式难以为继

在基础设施投资与出口双轮驱动之下，中国经济实现了长达数十年的高速增长，成为第二次世界大战后世界经济史上的奇迹之一。然而今天，无论是不断下降的 GDP 增速，还是关于经济“L”形走势的论断，都指向一个事实——旧有增长模式已经走到尽头。传统经济增长模式的失速，以及多年来不均衡发展积累的矛盾的爆发，使得企业的增长与盈利面临重重挑战。

第一，生产要素价格的不断上涨，推高了企业的运营成本，威胁国内企业在全球市场上的竞争力；人口的老龄化带来后续劳动力供应的不足，致使劳动力成本上升；而多年来依靠海量货币投入推动增长的模式，造成资产价格，尤其是土地价格猛涨。

第二，需求端的疲软，不仅直接造成增长乏力，而且削弱企业的盈利能力。全球金融动荡在一定程度上冲击了全球贸易，加之全球化进程中利益分配问题引发的逆全球化的风潮，使中国出口增速大幅下滑乃至负增长；作为另一增长驱动力的基础设施投资，常年的巨额投入致使边际回报不断下降，而作为投资主体的地方政府债务飙升，其持续投入的能力受到质疑；与此同时，作为增长支柱与稳定器的消费，尽管仍旧保持增长，但其增速不足以抵偿出口与投资疲弱的影响。

（2）行业内的产能过剩与过度竞争

中国多年来以投资带动增长的发展模式，以及一些特定行业有限的开放度，使多数不存在准入门槛的行业存在不同程度的产能过剩。无论是玻璃、水泥与电解铝等基础材料，还是汽车、造船与家用电器等消费品和资本货物，乃至太阳能电池板和风力发电机等新能源装备，过剩产能的存在使业内企业面对上游供应商和下游客户时议价能力缺失，盈利能力承压。而闲置产能所产生的利息与折旧等费用，进一步抬高了企业的运营成本。同时，地方政府出于就业与维稳等目的的保护，使过剩产能的退出渠道不畅，过度竞争将整个行业带向低盈利甚至亏损。

（3）跨行业颠覆者的威胁

数字经济巨头对于传统行业的渗透与颠覆不断加速，从零售与金融到消费服务，再到医疗与公共服务。凭借对于数字化运营模式的熟谙，雄厚的资本及人才方面的优势，它们改写游戏规则，颠覆传统行业既有模式，又使传统行业企业数字化转型的紧迫性不断上升。

平台模式带来的产品服务化及随之而来的共享经济的崛起，对于传统行业通过产品销售创造营收与利润的商业模式带来挑战。产品服务化和共享经济为用户带来的支出节省与资产利用率的提升，从另一个角度即是对于产品总需求的抑制，这将使本已饱尝需求不足之苦的企业雪上加霜。另外，共享经济赖以实现的数字化共享平台的运营者掌握大量用户数据，使产品提供商与最终消费者脱媒，逐步沦为平台运营商的加工车间。

2. 平台经济推进中国企业增长、提效与创新，跨越S曲线

（1）平台经济推动业务转型

第一，深度互动强化客户联系，拓展新市场，实现差异化。平台商业模式下，企业将更直接地与客户和合作伙伴互动，推进产品和服务的差异化，加速创新，

突破恶性竞争的“红海”。其所带来的与客户和合作伙伴间的直接和智能化的互动，一方面将使企业强化对于客户的需求、偏好、消费场景与购买行为的洞察，使得产品和服务的个性化与定制化成为可能；另一方面便于将客户引入产品与服务研发的过程中，实现 C2B 模式的创新，获取差异化和创新产品的溢价，提高客户忠诚度，提升客户转换成本，加深加宽自身的护城河。而与合作伙伴更加高效、直接和频繁地互动，便于双方或多方的创新活动的整合，实现协同创新，提高创新效率，分担创新风险。研发平台与客户互动平台等的数字化连接，将大幅加速研发进程，在一定程度上降低研发失败率，缩短创新产品与服务的面世时间。

第二，资源共享降低成本，协同提升运营效率。平台经济带来的资源共享，将提升各项资源的利用率，节省资源获取成本。这里的资源既包括 ICT 基础设施、仓储物流基础设施等有形的资源，又包括人才与技能、客户关系和供应商资源等无形的资源与能力。其中，互联网企业推进开发者在资源与工具方面共享的成功经验值得借鉴：移动平台之上包括 API 在内的 SDK 的开发与共享，为开发者节约了大量的开发时间，提供了便利的数据获取渠道。不仅创造出“开发者经济”的新的商业模式，而且使之成为移动应用开发平台吸引开发者的核心竞争力之一。在未来，随着消费者洞察的不断深化和设备自身智能化水平的不断提高，人工智能驱动的自动化与自主运营，以及运营流程的自我完善与优化，将带来运营效率提升的飞跃。

第三，降低跨国运营门槛，加速全球化运营进程。国内经济增长放缓带来的市场增速的下降和随之而来的竞争的白热化，使越来越多的中国企业把开拓海外市场并实现跨国经营作为保持增长动力、实现转型升级的重要路径。平台化运营在促进企业运营全球化方面将发挥重要作用。一方面，电商等前端流程的数字平台本身所具备的跨国属性，将降低拓展海外市场的门槛——无论是借助于 eBay、亚马逊这样的第三方电商平台，还是自建电商网站，都是快速低成本拓展海外市场的渠道；另一方面，内部流程的平台化运营，将使不同地区的分支机构能够方便实现资源共享，提高运营效率降低成本。

3. 平台经济推动组织转型

（1）众包众筹打破企业边界，塑造敏捷型企业

根据罗纳德·科斯（Ronald Coase）的交易成本经济学观点，企业的边界取决于市场交易成本（外部）与企业组织内部协调成本（内部）的比较。对于特定

的运营活动，当外部市场交易成本低于组织内部的协调成本时，委外就成为理性选择，企业的边界向内收缩。数字化平台，尤其是众包众筹平台模式的兴起，带来生产要素交易成本的大幅下降，使企业将更多的运营环节委外成为可能。随着越来越多的运营流程通过众包模式委外，企业将更加聚焦于核心的运营环节，组织结构更加精简，应对外部运营环境变化的敏捷性大幅提高。

（2）平台经济推进组织扁平化，迅速感知颠覆并做出反应

平台模式在企业内部的应用，形成平台运营模式，使企业组织结构扁平化的进程大大加速。数字化平台所提供的海量节点同时互动、沟通与协作的能力，使单一节点能够管控与协作的节点数量大幅增加，传统企业依靠多层级来管理大规模运营的组织结构不再必要。扁平化的组织将对于市场与客户需求的变化更加敏感，并能够以更迅速的决策做出回应，成为敏捷企业的重要领域。

（3）扁平化和高度敏捷性特征助力平台型企业应对变局

平台模式所赋予的与客户和合作伙伴的直接互动，将使企业对客户或合作伙伴需求的变化更加敏感，从而更快地做出反应；而数字化平台对于其上所聚集的大量的合作伙伴与用户的实时洞察，也使得企业更及时地发现颠覆性创新的萌芽；而借助平台模式实现的自身资源与能力的变现，降低了企业对产品产销营收的依赖，使之面对行业或产品生命周期的变化，获得充分的缓冲空间，自如应对。

（4）打造行业生态圈，强化上下游互动，协同应对颠覆挑战

不同于传统的以上下游流程定义的价值链，以平台经济为核心的生态系统以服务同一外部客户群为目标，借助相互之间的连接形成多样的竞合关系；平台型生态系统由生态系统核心平台和大量的生态系统参与者构成，服务于共同的用户群。参与者基于平台实现互联互通及资源共享与赋能，完成协同的价值创造，并在平台的主导下实现价值分享。数字化平台为核心的行业生态系统，将为参与各方在应对颠覆性变化时带来更强的资源与能力支持。通过与行业生态系统中各方的协同，企业将借助合作伙伴的优势，洞悉用户需求与竞争态势变化，提供创新的产品与服务。

4. 平台经济商业模式创新

（1）从产品销售到通过平台的服务提供

企业迈向平台经济，实质是要打造一个多方参与的价值创造网络，共同来满

足客户的需求。其与传统商业模式最大的不同，在于在客户价值创造过程中自身角色的转换：扮演的角色将不仅是一个生产者或者交付者，而且是成为整个价值创造流程的组织者与协调者，其竞争力不仅依赖自身的能力和对上下游资源的掌控，而是支撑平台为中心的价值创造网络的高效和繁荣。

（2）平台建设与运营，强化行业生态系统核心地位

企业拥抱平台经济，建设与运营行业数字化平台，将提升企业在行业内价值创造流程中的地位与控制力。随着越来越多业务活动向平台迁移，以及平台之上共聚集的合作伙伴的不断增加，基于平台的包括核心的客户数据在内的数据资产的不断增长，企业对于作为数字经济时代核心资源的数据的掌握与控制将不断强化。随着数字化产业平台的不断发展，所带来的价值创造与分享的机会将吸引新成员的加入，而平台成员规模的扩大会衍生出更多的商业机会，从而实现平台基于正反馈的良性发展，不断壮大。

（3）数据变现等创造新的营收与利润来源

随着企业运营数字化的不断深入，海量而且不断增长的数据，将成为企业重要的资产。平台商业模式下的数据资产变现，将是企业利用数据资产创造价值，贡献于企业的营收与利润增长的重要途径，其具体形式包括以下 3 个方面。

①企业作为数据提供商直接出售数据。出售标的既包括基础数据，又包括聚合以后的标签数据。实际应用中，对于向外提供数据，尤其是用户数据，考虑到保护用户隐私的需要，提供经过聚合后和匿名化处理之后的数据更为可行。

②企业作为应用提供商向客户提供数据分析相关的应用。所提供的服务，既可以是基于自身设施和经验的数据存储、管理和整合等服务，又可以是帮助客户分析相关数据并产生洞察的互动型数据分析工具及服务，甚至是在精准营销方面提供基于实时数据分析等的交易服务。API 正成为应用越来越普遍的服务提供模式与渠道。与直接出售数据相比，这一模式在提高服务的增加值并拓展盈利空间的同时，还将降低泄露用户隐私等方面的风险。

③企业以数据平台提供商和数据聚合者的身份实现价值创造。这一模式下，企业将不再局限于依据自身数据资源提供服务，而是将数据分析业务所涉及的不同参与者（数据提供者、分析服务提供商、客户等）聚集于自身打造的平台之上，使之通过协作和交易等方式完成数据资产的价值实现，并为提供上述服务收取费

用，如数据交换／交易市场，以及洞察生成的平台（分析即服务等模式）等。

（三）优化平台经济发展环境建议

1．强化基础设施与用户规模等“硬环境”优势

随着移动互联网和以此为基础的智慧城市和无线城市建设的逐步展开，中国的互联网普及率连年升高。同时，中国的数字消费者对新技术、新产品和新体验的期望不断提升，创造了一个高度开放、充分竞争的数字消费市场，这为企业的产品创新、服务创新和商业模式创新提供了一定的压力和动力。基础设施与数字化用户规模的优势，使中国成为数字化平台型企业诞生与发展的沃土。

未来中国在ICT基础设施和用户规模等硬环境方面，应当更聚焦于中小城市与农村；在加大投入升级这些地区的基础设施的同时，通过教育与培训（如远程教育）提高这些地区人口的数字化知识水平与应用能力。

2．培育开放创新文化，完善配套法规

中国基础设施与用户规模优势显著，如能加强创新文化的建设并完善相关配套法规，则将在全球数字化和平台化浪潮中赢得更大地先机。相关部门应着力改善平台经济运行的软环境，加强用户权益保障与风险控制，并加速相关举措的落地，鼓励新技术与新模式实验与推广。借此将释放平台发展动能，降低商业模式与技术的创新的成本与门槛，将平台经济的发展红利最大化。

第二章　高质量发展概述

本书第二章为高质量发展概述，主要介绍了五个方面的内容，依次是高质量发展的内涵、我国经济高质量发展的路径、我国经济高质量发展的实践、我国经济高质量发展的困境、数字经济与高质量发展的关系。

第一节　高质量发展的内涵

一、理解高质量发展的三个视角

实现高质量发展的基本前提是科学把握高质量发展的核心内涵。综合考虑现有文献，可以从系统平衡观、经济发展观、民生指向观三个视角来理解高质量发展的内涵。

（一）系统平衡观

由高速度发展转向高质量发展，涉及外部环境、经济新常态、社会主要矛盾、生产要素、资源环境等方面的一系列重大变化。高质量发展具有系统性和全面性。高质量发展的目标包括经济转型、结构调整、动力优化、风险可控、共同富裕及环境优化等。因此，高质量发展的内涵体现在多个维度，不是简单地指经济总量和物质财富数量层面的增长，而是在经济、政治、文化、社会、生态等方面的全面提升，着重解决经济社会环境发展中突出的不平衡、不充分问题。

（二）经济发展观

推动高质量发展，经济建设是重点领域，也是重要支撑，高质量发展离不开经济建设。在经济学研究领域，经济学家对质量问题的研究多从宏观经济发展的速度、效率、均衡等方面切入。本书对于经济发展质量的研究则是从宏观经济、产业发展和企业经营三个层面入手，从经济系统构成的单元、组织与结构逐一研究高质量的特征和实现条件。在发展观视角下，高质量发展涉及发展过程、方式、动力、效果的全面提升，要求转变增长方式、切换增长动力、提升发展效率、分享发展成果。

（三）民生指向观

经济高质量发展的微观基础是更高质量的产品和服务，这是经济发展质量高的直观体现。经济生产的最终目的是满足人们的实际生活需要，生产者提供使用价值，产品使用价值要体现质量的合意性。随着经济的发展，人民群众需求层次迅速上升，需求由“有没有”变为“好不好”。与此同时，质量理念也在不断演变，从符合性、适用性、满意性发展到卓越质量理念。从民生的视角看，高质量发展要提升质量的合意性，解决质量好坏和群众满意不满意的问题。高质量发展最根本的目标是更好地满足人民日益增长的美好生活需要。产品和服务的质量高低对人民美好生活满足程度的影响最为直接，能否提高中国制造、中国服务、中国建造的供给质量，在一定程度上决定了中国经济能否实现从高速增长转向高质量发展。

根据经济高质量发展的上述定义，从系统性角度看意味着物质文明、政治文明、精神文明、社会文明、生态文明等得到全面提升；从经济角度看涉及宏观经济的稳定、产业结构合理、企业产品和服务质量的提升；从民生角度看要充分满足人民日益增长的美好生活的需要，其中也包括生态环境、民主法制、公平正义、安全方便等非物质产品。

二、经济发展质量的测量与指标体系

本节对国民经济发展质量的测量从以下三个方面展开。

一是提升经济增长的效率和稳定性。经济增长质量包括增长的快与慢、波动的大与小、效率的高与低三个方面的内容。高质量发展并不意味着放弃对经济增长速度的要求，而是要使实际经济增长速度与增长潜力相匹配，避免为追求高速度而过度投资和市场需求不足影响生产能力的实现。一般来说，实际增长率与潜在增长率相吻合就能保障增长的稳定性和效率最大化。因此，稳定经济增长速度的任何措施本质都要回归到围绕着经济增长潜力上来。提高经济增长效率就是提高经济增长潜力，否则，再高的增长速度都会回落，造成经济增长的剧烈波动。经济增长的效率和稳定性重点是强调经济增长的可持续性。

二是增强经济发展的均衡性与协调性。均衡性和协调性主要指区域之间、城乡之间、产业之间、国内外市场之间等比例关系，强调的是结构平衡。结构决定功能，合理的经济结构、产业结构、基础设施建设与投资结构等是推动经济高质量发展的基础和条件。改革开放以来，我国的经济总量已居世界前列，但是我国的经济结构依然有许多问题没有解决，在一定程度上影响了发展的质量。

三是促进经济发展的公平性和包容性。经济与政治、社会、环境具有紧密的联系，经济基础决定上层建筑，经济的高质量发展必然影响和带动政治、社会、环境等方面的发展。公平性与包容性是经济发展的目标，也是经济高质量发展的结果，经济发展的最终目标是要满足人民日益增长的美好生活的需要。美好生活不仅是物质消费，而且包括社会的公平正义、生活环境的优美以及政治的民主等。

第二节　我国经济高质量发展的路径

一、推动供给侧结构性改革

党的二十大报告指出："加快发展数字经济，促进数字经济和实体经济深度融合"[①]。我们应从建设中国式现代化下的数字经济与数字化理论体系出发，进一步深刻把握数字化、网络化、智能化研究方向，探索如何将数字经济研究与中国式现代化的精神内核有机融合，将研究任务聚焦在数字经济如何驱动内需发展、加快产业结构转型、驱动创新引领战略落地发展等方面，并从学理和实践层面进行深入探索。在经济新常态的大背景下，强调和推进供给侧结构性改革是我国迈向经济强国战略选择。

高质量发展与供给侧结构性改革密切相关。一方面，供给侧结构性改革的最

① 新华社．高举中国特色社会主义伟大旗帜为全面建设社会主义现代化国家而团结奋斗——在中国共产党第二十次全国代表大会上的报告[EB/OL].（2022–10–25）[2023–01–10]. https://www.gov.cn/xinwen/2022–10/25/content_5721685.htm.

终目的是提高企业的全要素生产率水平，而企业全要素生产率的提升既有利于矫正要素配置扭曲，又可通过技术进步促进质量的提升。另一方面，推动高质量发展，增加中高端供给和有效供给、促进供需有效衔接是供给侧结构性改革的重要内容之一。提升产品质量既有利于识别和清理僵尸企业，改善资源配置效率，又有利于满足消费者多样化的消费需求，提高企业的国际市场竞争力，以质量供给升级驱动供给侧结构性改革。因此，供给侧结构性改革的贯彻和实施必须始终坚持质量效益、质量制胜，提高产品质量是供给侧结构性改革的关键环节。

（一）供给侧结构性改革的内涵

从当前理论研究来看，主要从以下 3 个方面对供给侧结构性改革的内涵进行理解。

1 主要任务是“三去一降一补”

“三去一降一补”是中央提出的供给侧结构性改革的五大重点任务，即去产能、去库存、去杠杆、降成本和补短板。去产能要减少对企业和行业的直接干预，重点领域在水泥、钢铁等行业。去库存是要重视我国目前房地产高库存现状，降低地方政府对土地财政的过度依赖。去杠杆要注意将企业和政府的债务明晰化，避免经济波动和风险积累。降成本的直接目的是大幅度降低企业所面临的高昂成本，包括制度性交易成本、税费负担、社保费、企业财务成本、物流成本和电价。补短板则包含我国经济发展过程中企业面临的各种短板，即经济社会中短缺的内容，如人才、技术等。

2. 改革的重点是解决当前供给侧存在的问题

我国经济发展中的问题主要来自供需矛盾，尤其是供给侧问题，如钢铁、水泥等行业的产能过剩，造成行业库存增大等问题。有供给无需求导致产能过剩，有需求无供给则出现短板，而低效率的供给抑制了有效需求。因此，从供给端看，关键是要从生产端入手，重点是要大幅提升生产要素的资源配置效率，有效化解过剩产能；大幅降低企业的成本，优化企业兼并重组，提高服务和公共产品的供给；扩大有效和中高端供给，减少无效和低端供给；大力发展现代服务业和战略性新兴产业，有效解决供需错配问题。

3. 供给侧结构性改革是结构性的全面改革

结构性问题是现阶段我国经济面临的问题之一，供给侧结构性改革必须强调

“结构性”。可以分别从企业层面、产业层面、区域层面和收入层面来分析我国现阶段供给侧存在的问题。企业层面主要表现为存在一些僵尸企业，占用一定的资源，在一定程度上无法实现资源的有效配置；企业产品质量无法适应消费结构变化，缺乏竞争力；国有企业改革不彻底，企业竞争环境有待提高；等等。产业层面主要表现为国际产业链分工地位有待提高；产业结构高级化程度不够；新兴产业有待进一步发展；等等。区域层面主要表现为区域发展差异较大，不同区域间要素流动受阻；国际化程度有待提高；等等。收入层面主要表现为垄断行业与非垄断行业之间收入差距相对较大，企业内部高管与员工之间的收入差距相对较大；等等。因此，供给侧结构性改革既是全面体制机制改革，又是对企业、产业、区域等方面的调整和优化改革。

（二）高质量发展与供给侧结构性改革的逻辑关系

供给侧结构性改革要求由供给侧发力，从生产端入手，改革的目标是效率和质量的有效提升，从而实现供给和需求两端的均衡。高质量发展是供给侧结构性改革的目标，也同样是改革的结果，二者相辅相成、互相促进。一方面，供给侧结构性改革为高质量发展提供了机遇和保障。供给侧结构性改革坚持质量效益和质量制胜，既可以通过降低税费，鼓励企业重组，降低企业成本，促进企业产品质量的提升，又可以通过提高全要素生产率和调整要素收入结构促进高质量发展。另一方面，高质量发展是供给侧结构性改革顺利进行的重要支撑。高质量发展可以从以下三点来促进供给侧结构性改革的实现：一是建立较高质量标准，有效识别僵尸企业，优化社会资源配置效率；二是满足消费者多样化需求，提高有效供给和中高端供给，促进企业国际市场竞争力的提升；三是通过补质量的短板，激发企业内生增长动力，拓宽供给渠道，实现企业去库存目标，解决效率低下问题。

（三）供给侧结构性改革促进高质量发展的作用分析

供给侧结构性改革为高质量发展提供了机遇和保障。良好的外部环境更容易促进企业产品质量的提升。从理论上看，供给侧结构性改革可以从两方面促进高质量发展。

1. 直接效应

供给侧结构性改革的实质是要处理好政府与市场的关系，充分发挥市场在资源配置中的决定性作用，有效激发和释放要素的市场活力。通过市场这只“看不见的手”在资源配置中的主导地位，可以使资源由低效率部门逐渐转向高效率部门，从无效供给部门向有需求部门流动，供给侧结构性改革从根本上可以促进供给与需求的匹配，只有企业能够提供更好的产品质量和服务才能被市场所认同，从而有利于去库存，提高市场竞争力。由此可见，供给侧结构性改革不仅为高质量发展提供了较好的促进环境，而且为高质量发展提供了更好的保障。供给侧结构性改革以更高标准提升供给品质，社会一流品牌的树立将会形成更多的有效供给，促进转型升级，优化供给结构，为企业提供良好的供给环境。

直接效应体现在两方面，一方面是技术进步效应。供给侧结构性改革可以充分发挥市场竞争的作用，激励企业的创新和研发活动，缩短企业生产周期，促进企业的产品质量提升。另一方面是成本收益效应。根据新新贸易理论，对于出口企业而言，其相对于非出口企业具有更高的全要素生产率，这样就使得出口企业可以克服出口时面临的边际成本，当出口企业的利润越高时，越容易弥补创新带来的成本，从而使这类企业进行创新和质量提高的意愿越强，生产的产品质量也越高。

2. 间接效应

供给侧结构性改革可以通过提高全要素生产率、调节企业内部收入分配和降低成本三条路径促进高质量发展。一是全要素生产率效应。供给侧结构性改革的目的是提高企业全要素生产率，而全要素生产率的提高对企业产品质量的提升具有显著的正向效应。在新古典增长理论中，纯技术进步在生产中的指标通常用全要素生产率来代替，一个企业或者一个行业的生产率高低直接影响企业生产方式或者贸易行为选择。多数研究均发现提高全要素生产率有利于企业产品质量的提升。二是收入分配效应。供给侧结构性改革的进行应重点解决收入结构问题，从而有利于行业和企业内部收入分配问题的改善，尤其是有利于员工劳动收入的提高。三是成本降低效应。供给侧结构性改革既可以通过降低企业缴纳的税费，进一步降低企业的生产成本，从而推动企业产品质量的提高，又可以营造良好的外部竞争环境，进一步降低企业的生产成本。供给侧结构性改革还应鼓励消费，拓宽消费渠道，有利于企业发挥规模经济，通过产品质量的提升达到去库存的目的。

二、持续促进经济转型升级

改革开放以来，我国经济取得了一定的成就，但由于基础设施薄弱、发展起步较晚等因素，我国过去的发展过程多依靠要素的粗放式投入，造成环境破坏、资源透支等问题，现阶段经济已步入新常态，在此形势下，各种风险矛盾叠加，结构性矛盾不断凸显，经济转型升级具有一定的现实意义。

把经济发展的立足点转到提高质量和效益上，是全面建成小康社会和促进社会长期可持续发展的必然选择。企业抢占市场的关键是提高产品质量，只有得到消费者认可的产品才能提高市场占有率，从而促进企业经济效益的提升。高质量发展和经济转型升级密不可分，一方面，经济转型升级要求在稳增长中提高质量和效益，推动产业向中高端升级。另一方面，为了满足消费者多元化的消费需求和消费欲望，需要提高企业的产品质量。只有高质量产品才能获得消费者的认可，以质量竞争提高产品的品牌知名度和附加值，为企业创造利润空间，增强企业的国际竞争力。因此，高质量发展是经济转型发展的必要方法，是提高经济增长质量、实现转型发展的基本内涵。

（一）高质量发展与经济转型升级的逻辑关系

高质量发展与经济转型二者相辅相成、相互影响。传统粗放型经济发展模式将经济发展理解为数量增长、简单重复，这种模式虽然在我国过去的发展中起到了至关重要的作用，但是也相继带来了环境污染、资源匮乏等问题，在一定程度上制约了我国未来长期的健康可持续发展。质量决定了数量和效益，因此依靠提高产品附加值、提高自主创新和产品科技含量的经济转型升级势在必行。一方面，产品高质量发展是促进经济转型升级的重要突破点。生产和消费两个环节、国内和国际两个市场都依托产品质量作为中介，只有提升了产品的质量，才能够既满足国内外消费者需求，为企业创造利润空间，又满足企业提高竞争力的内在要求。另一方面，经济转型升级为高质量发展提供契机。只有加快经济发展方式，促进经济转型升级，才能促进产品质量朝着科技含量更高、更加绿色环保的方向进一步发展。

（二）经济转型升级为高质量发展提供契机和条件

1. 以服务业为主体的产业结构促进了产品的多样化需求

经济转型升级促进了服务业的发展，形成以服务业为主体的产业结构，使我国居民的消费需求将逐步由衣食住行的生存型消费向教育、医疗、健康、文化等服务型消费转变。产业结构的转变使消费者对产品的多样化需求提高，更加关注服务类产品的消费，促使产品的提供向多样化、层次化、服务化的方向转变，促进产品质量进一步提升。

2. 以消费为主导的经济增长格局增进了消费者对品牌的认知度

消费是生产的目的，也是经济增长的动力。我国消费结构逐渐向服务化、高端化和多样化转变，而消费结构的升级给经济结构带来巨大变化的同时，也促使消费者更加关注产品的质量和品牌的认知度。只有被消费者认可的品牌才能在市场占有一席之地。消费结构的变化进一步促使企业通过提高产品质量、产品附加值和科技含量，逐步建立品牌优势，逐步赢得市场。

3. 以产业价值链为核心的出口结构提高了出口产品的技术含量

产业结构的升级使国际化分工更加精细化，随着经济全球化的深入，国际贸易已步入全球价值链的时代。价值链的核心体现在每个环节带来的价值增值，这带来了国际市场竞争的深入。经济转型升级使我国长期形成的出口贸易结构发生改变，逐步从加工贸易环节向研发、营销两头延伸，尤其是重视研发投入、培养和引进高学历人才、提高出口产品的科技含量，进一步培育技术、品牌、质量等出口新优势。

三、提升企业的国际竞争力

企业的国际竞争力对一国在全球价值链中的分工和贸易具有一定的影响。提高质量是赢得国际市场份额，在国际市场上取得竞争优势的根本途径。根据现有研究，产品质量对国际竞争力具有积极的正向影响，可以有效提升企业的国际市场份额。质量的提升促进了出口企业产品价格的提高，使本国获得更高的贸易地位。在当前形势下，提高产品质量是促进我国企业国际市场竞争力的关键，依靠产品质量提高促进“中国制造”形象转变有利于中国经济的长期可持续发展。

（一）高质量发展与国际竞争力的逻辑关系

高质量发展与国际竞争力相互影响。从质量对国际竞争力的影响看，首先，质量的发展和提升是提高国家竞争力的关键，质量是企业占据全球价值链高端的基础。其次，国际经验表明，接近世界质量边界能提高国际竞争力。最后，以质量支撑出口产品品牌的形成是塑造出口国际竞争的新优势。从国际竞争力对高质量发展的影响看，可以通过促进企业自身产品质量的提高和优化资源配置效率的改善促进一国的高质量发展。

（二）国际竞争力对高质量发展的作用分析

良好的国际市场竞争会对一国的高质量发展产生重要的影响。外部的竞争环境促使其他国家质量向目的国的产品质量靠拢，沿着产品质量面前沿移动，使质量不具有比较优势的国家生产的产品被淘汰，并提高全球质量的总体水平。具体而言，国际竞争可以通过两条途径影响一个国家出口产品质量的发展。

1. 国际竞争力提高促使企业提高自身产品质量

国际市场外部竞争的增强促使企业提高自身的产品质量，以应对竞争所带来的压力。出口企业通过改进产品规格、降低生产成本、改进生产方法、促进创新等方法，提高产品质量使企业能够免于竞争或者取得竞争优势，相关文献称为“逃离竞争”效应。现有的研究也表明，当面临外部竞争压力时，有的企业会使用更多的非生产性工人，有的企业会更加注重创新活动。

2. 国际竞争力提高通过资源再配置影响高质量发展

在外部国际竞争环境下，即使企业自身的产品质量没有提升，生产不同质量产品的企业在数量上的调整也会影响整个国家的产品质量的总体水平。根据新新贸易理论，当贸易开放后，由于存在自我选择效应，只有能够承担出口固定成本的企业才能够选择出口，这使得最低效率企业被迫退出市场，低效率企业在国内进行生产，高效率企业才能进行出口。因此，外部竞争引起了资源的重新分配，使资源流向生产率高的企业，整个国家的资源在生产率上发生了新的配置，改善了资源的配置效率。在此基础上，由于国际市场的竞争导致一些生产低质量产品的企业被挤出市场，此类企业的市场份额逐渐减少，但是生产高质量产品的企业却相反，它们的市场份额会增加，导致资源更多地流向了国内生产高质量产品的企业，这种自选择行为能够促进经济发展质量的提升。

四、实施创新驱动发展战略

质量和创新是现代企业赖以生存和发展的基石，质量是企业进入现代国际市场的“通行证”，创新是企业持续发展的不竭动力，二者相互作用，不可分割。随着知识经济时代的进步和发展，市场对于企业产品的技术含量要求也越来越高，主要体现在满足人民日益提高的高产品质量需求上。面对日益严峻的国际竞争环境，企业要想在国际市场上获得优势定价权，就必须不断提升产品质量和科技创新水平。一方面，从产品质量形成和发展的过程来看，技术创新进步有利于产品质量的改进，没有技术创新就无法赋予企业提升产品质量的活力，企业就会失去占有国际市场份额的主动权；另一方面，没有产品质量的改进，技术创新也就无从谈起。产品溢价依赖企业产品质量的提升，而且这为企业积累了丰厚的物质财富和经济实力以投入新产品的创新和开发中，最终为企业的持久发展提供了一定的保障。在当前形势下，提升产品质量是增强我国企业国际竞争力的关键，以产品质量为根本，助推企业科技创新，既有利于提高企业产品附加值、促进全球价值链地位跃升，又有利于我国贸易利得的整体提升。

（一）高质量发展与创新的逻辑关系

高质量发展与创新紧密相连，两者相互影响、相辅相成。从高质量发展对创新的影响看，高质量发展主要通过技术溢出效应、降低成本效应和市场扩大效应影响企业创新。而从创新对高质量发展的影响看，技术创新虽然在整体上促进了质量的发展，但是存在规模、行业等差异性。

（二）创新对高质量发展的作用分析

技术创新显著促进了高质量发展，即经济增长率水平取决于创新带来的技术进步率。技术创新投入的增加有利于提高一国的生产技术水平，从而改善产品质量，促进经济增长。经济发展的国际经验也表明，技术进步和创新已经成为地区经济增长和经济结构转型升级的驱动力。但是，技术创新投入对质量的影响存在一定的差异性，尤其对于规模不同的企业而言。首先，中小企业由于组织的灵活性更容易取得破坏性技术创新的突破，而大企业则由于组织惯性更多地进行延续性技术创新；其次，中小企业的技术创新是随机的，具有市场偶然性，多为非定向性技术创新，而大企业则遵循着特定的技术范式，通常具有明确的技术研发目标，多为定向性技术创新；最后，中小企业的产品质量呈现出合格率较低、工艺相对落后、稳定性差等特点，大企业更具有能力进行大规模的研发投入，通过生产技术的改进，生产出更高质量的产品。

第三节 我国经济高质量发展的实践

本节我们以深圳的经济高质量发展实践为例，说明我国经济高质量发展的实践历程。党的十八大以来，深圳不断加快高质量发展的步伐。面对原材料价格大幅上涨和多重不利因素叠加影响，深圳推进数字经济高质量发展非但没有停滞不前，反而在工业园区转供电改造、软件和互联网服务业营业收入、数字经济核心产业增加值占 GDP 的比重等重要指标上有所提升，深圳围绕重点行业、产业园区与产业集群、区域协同角度积极推进产业数字化转型。在激发数字产业化潜能上致力于关键技术的突破，持续催生新业态、新模式。此外，不断完善数字经济支撑体系，加大数字经济政策扶持力度与监管力度。并通过数字技术助力政务服务效能提升、扩大社会服务普惠供给、打造新型数字生活，公共服务数字化水平持续提升。深圳通过数字赋能经济高质量发展，十年蝶变，不断形成一批“深圳经验”“深圳标准”“深圳样本”。

一、积极推进产业数字化转型升级

（一）重点行业数字化转型

数字化转型仍然是大多数深圳企业的首要任务。在新技术推动创新转型前景下，企业正专注于新业务流程、服务和竞争战略的数字化转型计划。为打造世界一流港口、推进粤港澳大湾区和“一带一路”发展，深圳也致力于推进智慧港口、绿色港口的建设，制定了数字化转型蓝图，助力港口降本增效。

（二）产业园区与产业集群数字化转型

深圳产业园区与产业集群优势突出。深圳为了更好地服务园区企业，利用数字化技术赋能新一代产业园区，为园区内部企业搭建合作平台，促进内外部企业的双向零距离互动交流，为企业寻求适合的项目及发展机会，并进一步优化配套环境。此外，2022 年深圳出台了《关于发展壮大战略性新兴产业集群和培育发展未来产业的意见》，提出培育发展壮大“20+8”产业集群，其中提出的引领型新兴产业集群包括网络与通信、软件与信息服务、半导体与集成电路等均属于数字核心产业。随着比亚迪汽车工业园（深汕）项目、荣耀智能制造中心等项目落地建设，园区亟须一系列智能化解决方案。例如，提供智慧用能解决方案以及利用数字化方法助力工业园区工改工等。

（三）数字技术助力跨区域协同

在《粤港澳大湾区发展规划纲要》的指导下，大湾区各城市间基础设施“硬联通”与规则机制“软联通”具有很大的突破。从数字人才视角来看，深圳在湾区内各城市的数字人才流出方面处于领先状态，突出了深圳在粤港澳湾区的数字经济核心地位，深圳的部分大数据中心、科研机构、互联网企业等也正以人工智能金融科技、区块链技术与可信计算、AI 系统、智能机器人等研究成果为大湾区一体化融合发展提供新思路新方法。

二、强化数字经济支撑体系建设

（一）强化数字经济政策扶持

深圳为推动数字经济发展做出相关实践行动，出台了一系列支撑政策与指导规划文件，如《深圳市“互联网 +”行动计划》（深府〔2015〕69 号）、《深圳市促进大数据发展行动计划（2016—2018 年）》（深府〔2016〕195 号）、《深圳市工业互联网发展行动计划（2018—2020 年）》（深府办规〔2018〕7 号）、《深圳市关于进一步加快发展战略性新兴产业的实施方案》（深府〔2018〕84 号）、《〈中国制造〉2025 深圳行动计划》（深府〔2015〕112 号）、《深圳市数字经济产业创新发展实施方案（2021—2023 年）》（深府办函〔2020〕136 号）等。2021 年 6 月 4 日，深圳市工业和信息化局组织实施 2022 年数字经济产业扶持计划，明确具体支持领域、支持数量及资助方式，让深圳数字经济的产业“引擎”动力十足。

（二）加强数字经济监管

自 2021 年 8 月 20 日国家发布《中华人民共和国个人信息保护法》以来，关于规范网络交易平台、互联网信息服务等信息安全与数据合规的政策文件相继出台，深圳也通过立法与出台相关实施意见和标准规范数字经济发展。2021 年 7 月 6 日，深圳市人民代表大会常务委员会发布的《深圳经济特区数据条例》是国内数据领域第一部基础性、综合性立法，首次提出数据权。2022 年 1 月 5 日，深圳市市场监督管理局印发《深圳经济特区数据条例行政处罚裁量权实施标准》，对其职权范围内的数据执法事项裁量标准进行界定。2022 年 4 月 22 日，深圳市中级人民法院发布的《关于加强数字经济知识产权司法保护的实施意见》，是全国首个从司法角度保护数字经济知识产权的实施意见。

三、提高公共服务数字化水平

虽然最初智慧城市应用主要集中在安全和交通管理等领域，但 5G 网络和边缘计算的进步可能会为城市带来一个作为集成数字平台的新时代。数字创新，如教育、医疗保健、物流等行业的数字创新正在中国城市大规模应用，以改善公共服务的提供。在深圳，数字经济赋能公共服务，通过积极建设智慧城市，城市品质不断提升。

（一）提升“互联网 + 政务服务”效能

在数字经济的助力下，深圳政务服务效能显著提升，已形成“i 深圳”移动政务服务平台、块数据赋能精细治理、“5G+ 基层治理”、可视化城市空间数字平台、民生诉求统一处理平台等“互联网 + 政务服务”特色成果。政务服务事项基本实现“最多跑一次”、行政许可事项基本实现“零跑动”。《小康》杂志社发布的“2021 中国智慧城市百佳县市”榜单显示，深圳市龙华区以 95.02 分的总评分位列榜单第五，成为全市唯一上榜的区域，这也是龙华区连续两年蝉联榜单五强。

（二）扩大社会服务数字化普惠供给

深圳在扩大社会服务数字化普惠供给上不断积累创新案例，如利用数字化应用为特殊群体提供帮助；通过“5G 消息 + 政务服务”提供面向老年人的“适老化”数字交互服务，跨越“数字鸿沟”；在医疗健康领域、养老、文旅等领域建立数字化信息服务平台，统筹资源为市民提供更便利的服务。深圳社会服务数字化发展始终坚持以人为中心，利用市民亲身体验后的评价反馈提升大数据系统内部的运作水平和数据开发能力，形成正反馈效能。

（三）打造新型数字生活

人们在虚拟现实世界中的生活正在迅速过渡到“真实”世界。消费者正在将越来越多的社交互动和休闲活动转移到虚拟领域。深圳依托线上与线下的融合，不断探索新型数字生活方式。其中，福田区正致力于打造成为全国首个数字人民币示范区。接下来，可以进一步深化数字人民币在零售交易、生活缴费、支付养老金、财政补贴等场景的试点使用，促进普惠金融进一步发展，让数字人民币更好地落实到企业和居民生活中。此外，深圳龙华区通过数字技术应用，搭建数字平台用户链接、智能匹配和信用塑造，解决共享单车乱停放问题。

数字经济无论是在生产、营销还是商业等方面均在一定程度上克服了传统经济的局限性，它是传统经济实现创新、降低成本、提高效率、增加就业的重要驱动力之一。深圳市拥有庞大的数字消费者基础、制造业产业集群、良好的创新氛围以及政府的塑造作用，这些因素为深圳的数字生态系统创造了必要的条件，成为深圳推动数字经济高质量发展的内在驱动力。值得注意的是，有别于其他城市，深圳数字化转型具有独特的优势基础，一是其具有数字经济发展可及的材料和技能，如华强北是一个巨大的电子市场，其中的贸易商几乎销售数字经济核心产业所需的基础组件，包括电路板、LED、微芯片、晶体振荡器等，并吸引了大量的职业机械师和电气工程师；二是其对设计的态度的转变，从最开始的知识产权的缺乏到制定《深圳经济特区知识产权保护条例》以激发创新活力，使深圳从“中国制造”走向“中国设计”，正积极打造具有世界影响力的创新创意之都。

深圳在政务数字化、社会生活的数字化、工业物联网／供应链数字化、数字城市化方面已积累了许多“深圳优先”的创新案例。《深圳市数字政府和智慧城市“十四五”发展规划》提出，到 2025 年数字经济核心产业增加值占全市生产总值的比重达到 31%。根据《深圳市统计年鉴（2021)》数据计算，2020 年其数字经济核心产业增加值占全市生产总值的比重已达到 30.5%。深圳在“双区”叠加的战略背景下，应进一步拓展“产业数字化”与“数字产业化”产业链，孕育数字经济核心产业内的新理念、新技术、新设备，把脉数字经济的现实需要和趋势变化，推动区域协同与经验分享，持续形成“深圳方案”辐射全国走向世界。

第四节　数字经济与高质量发展的关系

随着中国经济从高速增长阶段向高质量发展阶段转变，大数据、云计算、人工智能等科学技术的发展，社会经济发展进入数字经济时代。可见从传统经济向数字经济转型已经成为我国经济发展的新动力，数字经济逐渐成为高质量发展的新引擎，但是我们需要从理论上研究数字经济驱动经济高质量发展的逻辑、机制与作用层面。

一、数字经济驱动经济高质量发展的逻辑

数字经济是以网络为载体，以数字化的知识与信息为生产要素，以智能制造为动能，以大数据在线模式为物联网平台，以分享经济为方向的经济模式。数字经济发展一般包括产业数字化、数字产业化和数字治理三个部分。数字经济的本质在于信息化，通过信息化形成融合的经济。信息化是对企业管理过程的数字化，是业务到数据的过程，数字化更强调用数据逻辑和技术去支撑生产环节，是数据到业务的过程。信息化中的数据只是企业运营状况的记录者，数字化则将数据推动到改善生产和协助决策。信息化实现了物质世界向数字世界的转化，提升了行政效率，同时也降低了成本，而数字化则参与生产决策，改善生产，数字化是信息化的后延。数字化包括两方面：一方面是数字的产业化，要求发展一系列信息和数字技术及产业，涉及数据的采集、处理、存储等领域。另一方面是产业数字化，主要涉及数字技术在经济运行和发展中应用以及用数字技术改造传统产业。

数字经济的兴起引发经济发展方式的巨大变革，数字经济驱动经济高质量发展的逻辑主要体现在三个层面：一是在企业层面形成新的盈利模式，实现了范围经济与规模经济的结合。传统企业是由数量、成本和价格三个主要因素来决定利润的。数字经济颠覆了原有成本、价格、数量的盈利模式，将范围经济与规模经

济相结合，开创了企业自身产品之外的新利润来源。一方面拓展了范围经济，传统范围经济强调的是产品关联性，数字经济将关联性降低，拓展了范围经济的应用范围。另一方面将范围经济与规模经济相结合，数字经济通过互联互通，扩大了市场规模，市场规模又引发了生产规模。这样范围经济与规模经济相结合，改变了单一的赢利模式，形成多元化的盈利模式。数字经济让企业规模变大，市场范围扩展，企业之间的联系更加紧密。二是在产业层面促进了产业组织模式和产业结构的变化，推动了新产业组织的成长，加快了产业融合。一方面形成以网络平台为核心的产业组织模式。数字经济通过更大、更开放的平台体系，互联网将各种资源分布到全网络的末端，动员了社会资源，带动了大规模的协作。原有的产业结构、组织方式、生产要素、驱动力、发展路径等方面都发生了一定的变化。逐渐改变了传统的生产组织模式，生产方式由传统的“标准＋集中”转变为数字时代的“定制＋分布”，产业组织方式由产业链条式变为网络协同式。而且数字经济引发制造业业态变革。制造业将实现由数字驱动形成新的价值链。另一方面促进了产业融合。信息技术具有极高的渗透性，使数字服务业向其他产业渗透，使三大产业实现高度融合，使产业从分立走向产业融合，从而产生放大效应，带来规模报酬递增。三是在宏观经济层面优化了资源配置方式，在一定程度上提高了规划和决策的科学性。数字经济加速政府与市场的融合，使数据共享成为可能。供给与需求融合提高了消费者效用，使市场和计划的融合得到完善，政府可以更好地作出科学规划，大数据在一定程度上提高了政府的能力。

因此，数字经济的本质是信息化经济，是融合的经济，它并不改变社会经济运行的本质，社会经济仍然分为生产、交换、分配和消费四个基本环节，但是数字经济的融合效应提高了生产、交换、分配和消费的效率，降低了成本，形成增长效应。

二、数字经济驱动经济高质量发展的机制

数字经济通过提高经济发展中的技术创新能力、产业融合能力、市场扩张能力推动经济高质量发展。因此，需要结合高质量发展的具体要求，从理论上分析数字经济引领高质量发展的作用机制。数字经济驱动经济高质量发展的机制是通过实现质量变革、效率变革、动力变革来提高高质量发展的机制。

（一）数字经济驱动经济高质量发展的效率变革机制

效率变革是指为提高产出效益，以技术创新驱动机制实现资源要素集约节约化配置，通过提高创新能力，进而实现效率变革。数字经济引领经济高质量发展的机制是在不变投入甚至减少投入的基础上，提高经济发展和运行的效率。

1. 提高创新能力

数字经济领域集中创新性研发资源提升了整个经济体系的创新能力。同时数字经济通过创新扩散使传统产业吸收新技术，带动传统行业的整体创新水平，通过扩散效应对传统行业产生了创新激励。

2. 提升组织运行效率

数字经济提高了交流的便利性，逐渐改变了人们之间的沟通方式，使得交流模式发生转变，促使企业和政府加强管理创新。同时数字经济提高传统经济智能化程度，使整个经济体系的运行效率得到提高。

3. 提高管理效率和要素配置效率

通过互联网平台，促进产业链、供应链、价值链的融合融通，提高政府治理效率。通过技术创新和管理创新，提高产品和服务的质量，提升全要素生产率。以数字化丰富生产要素，通过网络化提高要素的配置水平。

（二）数字经济驱动经济高质量发展的动力变革机制

数字经济的发展对经济增长的动力变革具有促进作用。数字经济的动力变革机制是通过数字经济形成新产业、改造传统产业形成的。

1. 加快新产业成长

数字经济本身具有高成长特性和规模经济效应，数字经济的发展增加了投资规模，加快了新产业的成长，在一定程度上促进了经济发展的动力变革。同时数字经济能够提高经济资源的配置效率，进而促进经济增长的动力变革。

2. 与传统产业融合

数字经济促进了信息技术与传统产业融合发展，提升传统产业技术能力，促进经济增长动能转换，而且数字经济通过扩散效应，提升了经济的潜在增长动力。数字技术通过与传统产业的深度融合，提高资源配置效率，促使经济结构优化，推动传统产业转型升级，数字经济正在改变中国的经济结构，形成结构性增长。

3. 数字成为驱动经济增长的关键要素

数字化的知识和信息已成为数字经济时代最为关键的生产要素，数字驱动型创新正在向科技研发、经济社会等领域扩展，以数字技术的使用作为经济结构优化的推动力已经成为高质量发展的重要动力。

（三）数字经济驱动经济高质量发展的质量变革机制

数字经济引领高质量发展的质量变革机制就是提升产业供给水平，通过数字技术推动产品装备质量升级和服务质量升级的机制。

1. 更好地满足客户需要

数字经济发展中企业在生产产品和服务时，通过数据提前了解客户需求，针对客户需求生产产品，更好地满足客户需求，引导消费新方式。

2. 通过绿色发展实现高质量发展

数字经济通过减少资源浪费，消除生态环境恶化和资源约束的要求符合经济高质量发展特点。

3. 催生新产品与新业态

数字经济将数字信息、数字技术转化为新生产要素，催生高效的管理手段，形成新产业、新产品和新业态，最终实现经济高质量发展。

4. 信息技术创新驱动

数字经济推动制造业、农业、零售业等传统产业，农业、零售业等实体经济，教育、医疗、交通等公共服务产业数字化转型升级。

5. 催生产品与服务质量

数字化转型将改变传统制造业的研发与生产流程，逐步打造数字化供应链，通过对生产过程中产生的大量数据进行分析，可以进一步优化生产流程参数，提高产品和服务质量。

三、数字经济驱动经济高质量发展的作用层面

（一）数字经济赋能经济高质量发展

数字经济具有高技术性、高协同性、高融合性、高成长性的特征，驱使生产要素的数字化渗入和生产关系的数字化重组，是驱使质量、效率和动力变革的新

动力。数字技术与实体经济深度融合，对经济结构、产业发展及企业组织都产生了重大影响，构成“颠覆式创新”力量，成为企业跨体系数字化转型关键的推动因素。数字经济的兴起引发经济发展方式一定的变革，使企业出现新的盈利模式与商业模式，将范围经济与规模经济结合起来；使产业组织方式和产业结构改变，促进了新兴产业组织的成长，加速了产业一体化，这对经济社会向高质量发展转型至关重要。

（二）数字经济加速推动高质量发展的内在机理

作为一项使能技术，一方面，数字经济成为规模巨大的新兴产业，产生新价值，实现其增量效应；另一方面，数字经济与其他行业之间融合程度不断加深，提高了经济运行体系中原有要素的价值转化效率，各行业增长都将由数字驱动。

1. 数字经济促进工业制造业领域的高质量发展

我国制造业门类齐全，由传统工业和互联网跨界融合出的工业互联网可以高效整合创新链、融合再造产业链、优化提升价值链。只有大力推动数字技术产业化和传统产业数字化才能在第四次工业革命浪潮中抢占先机。新型冠状病毒感染防控期间凸显了以工业制造为核心的实体经济发展对国家经济发展和社会稳定的重要支撑作用。由于数字经济能够在一定程度上降低突发事件对制造业的负面影响，我国工业制造业产业链各节点企业均采取了数字化转型策略。互联网平台使产业价值链由单向、线性化转向多向、协同化。“互联网＋制造业”不仅缓解了急剧增长的需求、在一定程度上打破了信息共享壁垒，而且使交易更加便捷和安全。此外，工业经济运行监测平台、中小企业公共服务平台、工业供应链服务平台等在企业复工复产、政策供需对接、流程动态跟踪等方面都起到一定的作用。如工业供应链线上平台创造了中小企业同大品牌制造商的合作机会，通过线上管理可以减少分销过程中可能影响产品质量的行为。平台经济的大规模应用为实体经济发展提供了更多机会。

数字经济正从创意数字化、商品数字化、营销数字化、服务数字化这四个方面助力工业制造领域实现高质量发展。创意数字化是指依托数字化交流平台，汇聚全球创意，高效完成产品设计与创新活动；商品数字化是指改变工业产品的传统展示形式，实现“足不出户、线上看货”的云购物；营销数字化是指通过分析线上平台相关企业的货源、数量、消费者偏好等数据，制定精确的营销策略；服务数字化是指大型品牌商通过数字化“下沉”到小微企业和个体客户，从而减少直接接触，稳定企业生产。当然，作为工业制造的核心环节，生产数字化不断深入发展，如无人值守工厂、智能质控系统、生产流程智能决策等的全面应用，在一定程度上提高了生产质量和生产效率。

2. 数字经济促进金融领域的高质量发展

物联网、云计算等先进技术广泛应用于借贷融资、支付清算、个人理财等诸多金融产品，金融与数字科技实现深度融合发展，金融科技也应运而生。金融科技创新提高了金融服务的普惠性，金融科技的投融资规模也在不断扩大。目前，我国已是全球最大移动支付市场，网络融资额全球领先。在非接触式金融中，线上路演、发行、远程调研和签单等服务模式的迅速普及，不仅加速了金融机构中后台业务的数字化，而且在一定程度上强化了其线上运营能力，有助于发挥资源配置效应和创新效应，推动经济高质量可持续发展。区块链在金融领域的落地应用更是成为金融界和科技界共同关注的焦点。如通过区块链技术定制保险产品，可以简化销售流程以节省销售成本，提高理赔效率，同时有效防止骗保事件的发生。金融科技通过提升传统金融业务服务实体经济的能力，为推动经济高质量发展创造了条件。

3. 数字经济促进消费服务业的高质量发展

数字经济是服务经济发展的新趋势，数字经济和数字贸易在较大程度上实现了信息直接流动和方便获取，推动商业结构扁平化。随着时代的发展，“无接触配送”“无人经济”“云经济”等模式应运而生，以无人化、智能化为代表的“无接触场景”突破时空等因素对供需对接的限制，逐渐成为主流消费场景。无论是在环境复杂的地区还是其他地区，一系列无人化服务和设施通过互联网平台得到了广泛应用，无人配送、在线教育、远程医疗、视频会议、远程协助等线上需求爆发式增长，要素供给体系因线上消费群体的新增而得到扩大，这激发了数字技术开发和运用的积极性，使生产效率低、生产范式僵化、资源稀缺等问题得到有效解决，从而有利于形成更高层次的规模经济和范围经济。

4. 数字经济促进社会治理领域的高质量发展

数字化治理指政府治理模式的数字化创新。随着数字经济的演变，数字经济主体通过渗透效应将适用范围扩大到经济社会各领域综合部门，如政府机关、行政事业单位等，数字经济的“社会性”特征不断放大，也于疫情中得到了体现。疫情的持续推动了公共卫生应急管理、智慧城市建设等社会治理领域的数字化变革。疫情防控期间，各互联网平台企业在防控接触传染风险、网络舆情处理、应急物资运输、稳定物价、保障复工复产等方面与各级政府机关积极合作，陆续推出“新冠疫情分布专题地图”“人群迁徙态势感知模型”“无接触式社区”“慢性病患者断药求助登记平台”“企业复工保障计划”等方案。数字化平台发挥了一定的作用，在一定程度上助推了社会精细化治理和政府信息化建设。同时，智慧城市运用数字经济，使社会治理模式从依靠主观经验判断转向依靠客观数据施策，从单向无互动管理转向双向协同互动，汇总公共数据，建立跨部门数据共享流通，高效调动资源，实现治理优化。

第三章　国内外数字经济建设与发展的实践经验

本书第三章国内外数字经济建设与发展的实践经验，分别介绍了三个方面的内容，依次是国外数字经济建设与发展的实践经验、我国数字经济建设与发展的实践经验、我国数字经济与行业融合发展的实践经验。

第一节　国外数字经济建设与发展的实践经验

一、美国数字经济建设与发展的实践经验

2020 年，美国的数字经济总产值达到 3.31 万亿美元，比上年增长了 3.8%；而其相应的增加值则达到 2.14 万亿美元，比上年增长了 4.0%，在国内生产总值中所占比重达到 10.2%。2012—2020 年，数字经济的年均增速达到了 6.3%，明显快于 GDP 整体。但数字经济根植于经济系统，它仍然会随着国家的经济发展而不断变化。[①]

中国的数字经济拥有巨大的消费群体和巨大的市场潜力，但其发展的瓶颈也显而易见。一个重要的问题是，中国的数字经济规模还有一定的发展空间，需要进一步完善其发展的结构。

二、英国数字经济建设与发展的实践经验

根据最新的统计数据，数字经济已经成为英国经济的重要组成部分，超越了

① 腾讯新闻．美国数字经济增加值占 GDP 的 10.2％[EB/OL].（2022—09—15）[2023—03—20].https://view.inews.qq.com/wxn/20220915A081X300?qq=1839625204&refer=wx_hot&web_channel=detail&originPath=q.

传统的制造业、采矿业和发电业。为了实现这一目标，英国政府发布了一份跨部门的政策文件——《英国的数字战略》（UK's Digital Strategy），旨在通过利用数字技术和数据，推动经济增长和技术创新，建设一个更具包容性、竞争力和创新性的数字经济，巩固英国作为科技超级大国的地位。《英国的数字战略》聚焦六大领域：数字基础、创意和知识产权、数字技能和人才、为数字化发展提供资金支持、改善英国经济与社会服务能力、提升英国国际地位。

（一）数字基础

英国将推出世界级的数字基础设施，释放数据的力量；打造支持创新的监管框架，为人工智能、数据和数字竞争等领域提供监管优势；提供安全的数字环境，并鼓励投资和创新。

（二）创意和知识产权

政府将加大对研发的持续投入，计划在2022—2025年间每年投入150—200亿英镑支持人工智能、下一代半导体、数字孪生、自主系统、量子计算等未来基础性技术的研发。同时，英国国家医疗服务体系（NHS）将继续利用数字和数据驱动型创新改进医护模式及医护系统的运作方式。

（三）数字技能和人才

政府将与学校、继续教育机构和企业合作，提供实体经济需要的数字技能。数字技能合作伙伴关系正在英格兰各地开展，新的数字技能委员会将企业和政府聚集在一起，确保数字技能得到增强。

（四）为数字化发展提供资金支持

英国已通过企业投资计划（EIS）、种子企业投资计划（SEIS）、风险投资信托（VCT）及早期风险投资基金（VC）等提供了出色的风险投资激励措施。政府将继续通过英国商业银行和“创新英国”组织（Innovate UK）直接支持数字创新相关融资，并最大限度增加第三方金融机构在英国的投资。

（五）改善英国经济与社会服务能力

政府将使用数字技术来支持实现关键战略优先事项。同时，内阁办公室将对英国的采购立法进行全面改革，以使公共机构在采购技术解决方案时更加灵活，有助于推动创新，为小企业竞标公共合同扫除障碍。

（六）提升英国国际地位

英国将利用其在数字和技术方面的战略优势影响不断发展的全球数字世界决策。英国将继续与盟友合作，发展贸易和治理体系，以促进全球数字贸易；并寻求与其他国家建立伙伴关系，共同解决高度复杂的研发项目和半导体供应链弹性等问题。

三、全球数字经济发展的启示

近年来，经济与合作发展组织一直密切关注着世界各地的数字经济发展，并且在这些领域的研究与实践中，积累了大量的宝贵经验。因此，研究全球数字经济的发展趋势，以及未来的发展方向，对于指导中国的数字经济发展具有一定的意义，也是实施中国的发展战略的重要参考。

随着新一代信息技术的迅猛发展，数字经济在一定程度上深刻地影响了社会的生产生活方式，并且促进了经济发展的质量、效率和动力。然而，这种变革也带来了新的挑战，比如网络安全和隐私保护，这些挑战需要我们加以重视。经过深入研究，我们可以从经合组织国家的数字经济发展现状、机遇与挑战中获得有益的启示，为我国的数字经济战略提供重要的指导。

（一）将数字经济上升到国家战略高度，加快形成经济发展新动能

首先，为了更好地发挥数字经济的全方位影响力，我们应该借鉴发达国家的成功经验，并从宏观角度科学制定数字经济的发展目标和战略。创新是推动发展的要素之一，无论是基础性的技术创新还是前沿性的技术创新，都需要依赖数字网络基础设施的建设（尤其是移动互联网基础设施）。为了满足日益增长的数字经济需求，政府应该大力推进网络基础设施的建设，以激发企业在数字技术领域的创新活力，实现全面发展。其次，为了促进经济的可持续发展，我们应该把工业互联网作为重点，加快实施《中国制造 2025》，在重点领域建立完善的工业互联网基础设施和平台，促进数字经济的发展，从消费端向生产端延伸，并大力推行“互联网 + 制造业”，让融合型的数字经济产业成为经济发展的新引擎。最后，通过合理的税收政策，为数字经济的发展创造一个更加宽松的环境。小型和中型企业在创新和创业方面扮演着关键角色，但目前它们承担的税负通常较高。为了解决这个问题，政府可以借鉴发达国家的发展经验，制定针对数字产业领域的小型和中型企业的税收优惠政策，减轻企业的研发和推广费用，从而更好地促进数字经济的发展。

（二）加强网络安全控制能力，完善数据资源保护机制

随着大数据、物联网、云计算和人工智能等前沿网络技术的不断普及，我国网络安全防御技术的发展也取得了一定的进步，但仍然存在一些安全漏洞。因此，我们必须高度重视信息安全，加强对关键信息基础设施的安全保护，加强对网络攻击等犯罪行为的预警和执法力度，并通过更广泛的合作交流，共同应对挑战，实现数字经济的可持续发展。政府应该加快立法进程，制定有效的数据资源确权、开放、流通和交易制度，以确保国家数据的完整性和安全性，维护国家的数据主权。

（三）提高全民数字素养，使数字经济的“红利”惠及大众

首先，近年来，随着新兴技术的迅速渗透，“数字鸿沟”带来的城乡不均等问题日益突出，“数字鸿沟”也不例外。特别是外卖、网约车、共享单车等具有明显区域化特点的应用，使得城乡差距相对比较明显。因此，我们必须采取有效措施，加强城乡统筹，减少城乡不均等问题。为了缓解数字鸿沟带来的不平等，应该加强对农村、中低收入群体和老年人的培训，支持农村和偏远地区的宽带建设，以期达到改善社会状况的目的。其次，随着数字经济的发展，它给我们的就业市场带来了一定的变化。“创造效应”和“破坏效应”的数据表明，它们的发展将逐渐改变我们的就业状况。因此，我们应该加大力度，推动数字经济的发展，提升高校的办学水平，加大对中高端人才的支持，促进他们的创新创业，从而为社会提供更多的就业机会。最后，为了更好地推动“数字民生”和“互联网＋教育”“互联网＋医疗”“互联网＋文化”等惠民工程的发展，我们应该加强对贫困人口的数据信息的采集、统计和检测，并建立全国统一的“精准减贫”大数据平台，以便更有效地管理资金，并对其落实情况进行跟踪和效果评估，从而让数字经济的红利惠及更多的民众。

（四）创新和完善数字经济监管，切实保护消费者权益

随着数字经济时代的到来，新业态不断涌现，提高了资源配置效率和消费者便利性，但也带来了前所未有的新问题。因此，政府应该根据新经济新业态的特点，努力建立公平、公正的市场环境，探索多方协同的治理模式，维护消费者权益，最大限度地减少负外部性。政府应该加快对数字经济新业态的反应速度，及时制定和实施有效的管理措施和对策。以网约车和共享单车为例，它们可以提高资金流动率和使用效率，但也会带来一系列外部性问题，如无序融资、恶意竞争、乱停乱放等。为了应对日益严峻的数字经济挑战，政府应该与企业合力，探索更灵活、更严格的监管机制，以确保数据的安全、隐私的完整以及消费者的权益得到充分的保障。近年来，由于个人信息泄露引发的电信骚扰、网络诈骗等问题，在一定程度上影响了数字经济的发展，而且也引发了部分企业和从业人员滥用用户信息谋取非法利益的案例。为了保护数据隐私，国家应该加大打击力度，提高网络犯罪的成本。同时，应该积极开发增强信任的技术，如隐私增强技术、数字安全工具和区块链技术，以提高消费者对数字应用的信任度，促进数字经济的健康发展。

第二节　我国数字经济建设与发展的实践经验

一、浙江数字经济发展的实践

（一）浙江数字经济发展的实践内容

数字已经成为浙江发展的重要战略资源，并且正以“金名片”的形式不断推动浙江的发展。具体表现为以下内容。

1. 强化规划引领构建发展体系

浙江一直致力于把握时代机遇，紧跟发展潮流，根据当地实际情况，制定了有效的数字经济发展规划，建立了促进数字经济高质量发展的政策体系。2014 年，浙江率先提出大力发展以互联网为核心的信息经济，并取得了显著成效。2016 年，浙江推出“最多跑一次改革”，旨在推动数据的流动，消除政府部门之间的数据

壁垒。2017年，浙江又推出“一号工程”，以促进数字经济的发展，推动现代化产业体系的建设，使数字经济成为高质量发展的重要组成部分。2020年，浙江省提出了“一号工程2.0版”，以推动数字经济的发展。2021年，浙江省全面推进数字化改革，以“产业大脑＋未来工厂”为核心，加快数字经济系统的建设。2021年，浙江省委经济工作会议提出，要大力实施“一号发展工程”，推动数字经济增加值和核心产业增加值实现新一轮“双倍增”，以促进浙江省经济的可持续发展，实现浙江省经济的高质量发展。2022年，浙江省第十五次党代会提出，要打造“一号工程”升级版，打造数字变革的新高地。浙江省正在努力将数字经济发展壮大、强化、优化，以实现其重要战略目标。浙江正在积极投入“五区四中心”的发展，努力提升产业水平，探索创新的模式，利用数字技术为企业提供更多的服务，实现数据的有效利用，构筑“五个跃升”的数字经济强省，并为“两个先行”的发展提供有效的支持。

2. 推进技术攻关夯实发展基石

浙江省积极投入资源，大力发展“互联网＋”、新材料、生命健康三大科创高地，加快构建数字科技创新中心，着力研究、开发、应用、管理、服务，不断提升数字经济的竞争力，加快构建数字经济的可持续性，构建数字经济的强大支撑体系，助力浙江省的高质量发展。浙江省正积极推进“双倍增”行动计划，以企业为核心，全力打造数字经济领域的创新型企业，以此来推动浙江省的经济社会发展。浙江省在平台方面大力发展，建立了杭州城西科创大走廊等创新廊带，汇聚数字经济创新资源；同时，还建立了之江实验室、湖畔实验室等省级实验室，推动阿里达摩院等高水平创新平台的建设，以此推动数字经济核心技术的发展。浙江省一直致力于将人才作为第一资源，加快汇聚数字创新人才，推动数字经济创新。根据《浙江省数字经济发展白皮书（2022年）》，近年来，浙江省互联网人才净流入率一直保持在全国前三，11个设区市的人才净流入率均为正值，特别是杭州，已经成为全国数字经济发展的重要支柱之一。

3. 加速产业应用提升发展能级

浙江正在积极推进数字经济的发展，以数字产业化、产业数字化、数据价值化为基础，打造一个以数字经济为核心的现代产业体系，加快推进数字产业的发展，实现高质量的发展，提升数字经济的发展水平。浙江正在抓住新一轮科技革命的机遇，积极投身于人工智能、5G、大数据、云计算等新一代 IT 的发展，以期抢占新兴产业的先机，推动数字产业的发展。借助国家级的新一代人工智能创新发展试验区，我们将积极推动新兴产业的发展，加快形成数字经济的核心竞争力。浙江省正在大力推动产业数字化，以数字经济和制造业为基础，加快新一代 IT 与制造业的深度融合，为构建全球先进制造业基地提供支撑。为此，浙江省将重点投入“415X”先进制造业集群的建设，充分利用数字技术的优势，加快工业机器人的全产业链应用。浙江省正在努力构建数字化工厂／智能工厂，并且正在探索“未来工厂”建设，进一步深化“1+N”工业互联网平台体系，并且推广“上云用数赋智”服务。此外，浙江省还正在探索大数据交易市场等平台，以及数据要素交易流通机制，以期让数据要素和数据产品能够自由流通，充分发挥其价值。

4. 布局新型基建拓宽发展场景

基础设施的建设可以说是“乘数效应”中最重要的因素，它不仅可以促进经济的可持续发展，而且还可以维护社会的稳定性。新基建则更进一步，它不仅仅是一种基础设施，而且是一种新兴产业，它利用信息技术的优势，不仅可以满足投资者的需求，而且可以满足消费者的需求，从而推动现代化的产业体系的形成，并且可以成为未来的先行者。随着科技的进步，数字经济的高质量发展需要依靠先进的数字基础设施，其中包括 5G、工业互联网、大数据中心等技术。浙江正在抓住新基建的重要机遇，积极投资 5G 网络、数据中心、IPv6、人工智能、工业互联网等新兴基础设施，以及其他可能带来更多发展机会的领域，以此来扩大数字经济的应用范围，确保数字经济的安全可持续发展。截至 2021 年底，浙江已经建成开通 5G 基站 11.36 万个，位居全国第三，实现全县域以上地区和终点乡镇全覆盖，5G 终端用户数 2282 万户，开展 5G 创新应用项目 842 个。[①] 为了进一步推进数字化转型，浙江正在大力推进 5G、人工智能、云计算等新技术的应用，并且积极推进数字化生活新服务行动，为基层社会治理提供更多的支持。

（二）浙江数字经济发展的模式特征

浙江的数字经济虽然在总量和核心产业方面没有广东、江苏等省份那么突出，

① 潮新闻．浙江发布 2021 年度互联网发展报告：全省网民规模 5506.7 万人 5G 基站数量全国第三[EB/OL]. (2022-05-30) [2022-11-10].https://baijiahao.baidu.com/s?id=1734236761210373187&wfr=spider&for=pc.

但它凭借其独特的经济基础，也有了一定的发展，表现出一系列独特的特点。

1. 以低成本为导向，适应传统产业和中小企业智能化改造

浙江作为一个传统产业大省，正在努力推动产业数字化，以期实现数字经济的可持续发展。然而，与国有企业和大型企业相比，中小民营企业在实施产业数字化转型时，由于受到人才、资金、市场等方面的限制，将面临更大的挑战。浙江省正在大力推进中小企业智能化改造，以实现产业数字化转型，并以“机器换人”“工厂物联网”和“企业上云”“ET 工业大脑”为指导，开创了一条全新的智能制造发展道路。

2012 年底，浙江省率先在全国范围内推出“机器换人”，2015 年，杭州市更是首先发起了工厂 IoT 专项行动，以实现人、机、物、法、料的感知联网；2016 年，浙江省更是深入探索“工业互联网”，从“研发设计协同化、生产过程智能化、能源管控集成化、服务模式延展化和个性化定制”五个方面，推动企业内部数字化应用向网络化应用拓展。2017 年，浙江省推出“十万企业上云”行动，以云计算、ET 工业大脑等技术，大力提升企业的生产、营销、管理效率，实现企业降本增效的目标。浙江省共建立 47 家省级工业互联网平台，累计上云企业数超 28 万家，拥有 200 余家云应用服务商、产业链合作伙伴以及 200 余家云平台服务商。浙江企业正在积极采用云技术，以深度利用云资源，成为他们的共同选择。

2. 以高能级平台建设为基础，集聚创业创新人才

自改革开放以来，浙江人秉承“敢为人先、特别能创业”的精神，勇于探索创新之路，培养出一批具有活力的创业者，构建出一个充满活力的创业生态系统和浙商精神。在数字经济的发展过程中，浙江省把建设高能级创新平台作为重点，努力构建一个具有“城市群—科创大走廊—科技新城—特色小镇”的全新的创新空间。

以杭州高新区为核心，杭州国家自主创新示范区积极推进网络基础产业、互联网、物联网三大重点领域的发展，不断加大科研投入，形成一条完整的产业链，涵盖关键控制芯片研发设计、传感器和终端设备制造、物联网系统集成、大数据、云计算等领域，为杭州经济发展提供了强有力的支撑。

浙江省正在大力推动一系列具有特色的小镇建设，包括杭州梦想小镇、杭州云栖小镇、滨江物联网小镇、萧山信息港小镇和德清地理信息小镇，以促进创新

创业、风险投资、孵化器等高端要素的聚集，助力浙江省经济社会发展。

3．以“最多跑一次”为牵引，驱动体制机制创新和治理能力现代化

作为一种新兴的经济形态，数字经济面临着技术创新、市场拓展以及政策环境的多种不确定性，因此，采取积极的态度和做法，以接纳新生事物，是浙江发展的必要条件。浙江省在数字经济的发展中，通过政府的改革，发起了一场场“刀刃向内”的自我革命，以推动经济的发展和转型。浙江省政府不断深化行政体制改革，从“减法”的自我削权，到“四张清单一张网”的权力清单，再到首批40 961项“最多跑一次”清单的公布实施，浙江省以数字化转型为突破口，不断加大力度，推动“加法”，从而激发市场活力，带来了“乘法”的积极效果。

浙江政府通过“最多跑一次”“掌上办事、掌上办公”等政府数字化转型，将以用户为中心的服务理念贯穿始终，迫使政府不断重新设计政务服务流程，实现数据共享与业务协作。“放管服”则更加注重优化流程，充分利用数字技术，实现政府服务的最佳效果。随着“数据海洋上的巨轮”的建立，政府的数字化转型已经成功地推动了互联网、大数据、人工智能等前沿科学的发展，并且拥有丰富的数据渠道和资源，这些资源和渠道的开放，使得企业可以更加自由地进行创新和扩张，从而获得更多的商机。

（三）浙江数字经济发展的经验启示

浙江数字经济的发展是中国经济转型升级的重要推动力，其发展模式具有独特的特点。从浙江的实践中可以获得许多宝贵的经验教训，为推动经济高质量发展提供了有益的启示。

1．在新经济培育中早布局早谋划早受益

当前，新一轮科技革命和产业变革正蓄势待发，浙江数字经济的实践表明，要想在新动能培育中取得成功，就必须提前布局，以信息化为基础，推动新发展，加快新旧发展动能的接续转换，这是全国各地区面临的共同挑战。20世纪90年代末，杭州的信息经济发展迅速，形成一定的规模。2000年4月，杭州推出了“两港三区”“天堂硅谷”“新药港”三项重大战略，以及“信息港”“新药港”，以此推动杭州的数字经济发展。如今，杭州已经成为全国数字经济的先行者，在全省乃至全国范围内都处于领先地位。在新的经济增长动力的推动下，我们必须抓住

发展的趋势，以便找到适合我们的发展机遇。不仅发达地区，就连落后的地区，如果及时规划和筹备，也可以取得更好的成绩。贵州省就是一个很好的例子。贵州作为中国首个国家大数据综合试验区，其数字经济增速在 4 年内一直保持全国领先地位，而且在吸纳就业方面，其增速也连续两年位居全国第一，大数据对经济增长的贡献率更是超过 20%[①]。此外，浙江的一些后发地区，如衢州、丽水，也在积极探索数字生态经济发展模式，以期实现可持续发展。

2. 激发微观主体活力和创造力是数字经济发展的关键所在

数字经济的发展需要各方的共同努力，其中最重要的就是激励微观主体的积极性。浙江省的数字经济发展可以说是一个典范，它既培养出一批具备创新精神的创业者，又催生出一批具备竞争力的创新企业，使得浙江省的企业面临着“转型怕死、不转型等死”的双重挑战。浙江省正在努力构建一个全球性的招聘平台，以吸引国内外的杰出人才，并以“海归系、浙大系、阿里系、浙商系”为典范，开展“新四军”的创新创业，以及“精英创业”的普及性创业活动。为了提升“小微企业三年成长计划”的实施效果，我们不仅要加大对龙头企业、骨干企业、中小微企业的投入，而且要大力引入之江实验室、西湖大学、阿里达摩院等具有重要影响力的科研机构，以及其他更多的研发资源，以及联合科研院所，共同研究解决关键核心技术，同时，我们还要大力推动块状经济和产业集群的发展，实施产业创新服务综合体，以提供更多的创新服务。通过整合多种创新资源，我们致力于为中小企业提供完整的创新支持。我们希望通过这些支持，帮助传统企业更好地融入新兴经济，并成为其发展过程中不可或缺的重要组成部分。

3. 传统产业数字化是数字经济发展的重要支撑

随着数字技术的不断发展，传统产业已成为应用的重点领域。浙江作为传统产业大省，将数字化转型作为推动数字经济发展的关键，努力实现产业新旧动能的转换，推进供给侧结构性改革，以期达到更高的效益。然而，这一目标尚未得到充分的实现。面对日新月异的变革，部分传统企业仍然存在着畏难情绪，因为它们缺乏有效的数字化能力，并且数字化技术的应用成本较高。此外，从地域层面来看，由于传统产业的数字化水平存在差异，导致了经济发展的不均衡。浙江

① 中国新闻网．贵州数字经济增速连续 4 年位居中国首位[EB/OL]．(2019-06-19)[2022-07-11]．https://baijiahao.baidu.com/s?id=1636778422202616911&wfr=spider&for=pc.

的"数字鸿沟"政策旨在提升杭州、宁波等城市的数字产业化水平，同时鼓励其他城市利用本地的资源优势，加快数字化转型，从而促进浙江的"一号工程"政策的实施，旨在提升浙江的整体经济水平，并促进浙江的社会发展。通过深入研究和实践，我们将努力寻求一条能够有效支撑当地传统产业数字化转型和数字经济发展的可行之道，从而促进整个省域的协调发展。

4. 政府数字化转型是经济数字化转型的先导力量

浙江省政府正在大力推进数字化转型，以此作为经济发展的先导力量，深入理解数字技术的价值，把握其应用规律，形成有效的治理机制，以此为基础，为个体和企业提供更加便捷和个性化的服务，同时也为"大众创业、万众创新"提供了良好的发展环境。为了促进数字经济的发展，我们应该坚持包容审慎的治理理念，不断优化治理模式和方法，努力提高行政效率，降低制度性成本，以建立一个公开、公平、有序的市场环境，以促进数字经济的健康发展。

第一，以保护创新、推动发展为宗旨，根据当地实际，制定合理的监管政策，及时取缔不利于发展的不合理规章制度，建立一个宽松、包容的发展氛围。

第二，积极探索并准确识别不同行业的新情况、新问题，以便给予新兴行业更多的发展机遇，满足数字经济领域市场主体变动迅速、行业多样、规模较小的需要，在技术创新、风险防范、网络开放、安全性、数据挖掘、隐私保护、数据垄断以及有序竞争之间取得均衡。

第三，为了实现普惠共享的发展理念，我们应该在政策制定的过程中，让参与主体变得更加多样化，让消费者和小企业都能受益。

第四，要建立健全的数字消费环境，加速完善有关的法律法规，营造一个让消费者有信心、勇气、乐意购买的良性气氛。

二、广东数字经济发展的实践

（一）广东数字经济发展的实践内容

1. 对接国家战略，加强顶层规划

近年来，广东省积极推进数字经济发展，出台了一系列政策举措。制定了《广东省数字经济发展规划（2018—2025年）》，以数据驱动为一个发展主线，引领带动数字产业化和产业数字化两个着力方向，以大数据、新一代信息技术产业、数字基础设施、制造业数字化、服务业数字化、融合新动能、政府数字治理、区域内联外延八大重点推进广东数字经济创新发展。印发《广东省公共数据资源开发利用试点实施方案》（粤办函〔2021〕37 号），加快完善公共数据资源开发利用制度体系和架构，开展公共数据资源开发利用试点工作，鼓励行业组织、企业和高校院所等单位搭建数据产品和服务体系，打造数据创新生态，推进广东数字经济创新发展。为了更好地发挥“珠江三角洲国家大数据综合试验区”和“中国制造2025 国家级示范区”的辐射引领和带动示范作用，广东省在空间布局上加强了科技特色小镇建设，以华为为例，在东莞松山湖高新技术开发区建设了终端总部基地——华为欧洲小镇，为华为大学、研发中心、中试中心等研发创新功能提供了更加完善的服务。

2. 紧盯技术前沿，培育创新要素

广东正在大力推进 5G 通信技术、集成电路、新型显示、4K 电视、区块链等新一代信息技术产业的发展，以此作为推动数字经济发展的重要动力。此外，广东还将积极投入资源，建设网络空间科学与技术、先进制造科学与技术等领域的实验室，以期为数字经济的发展提供更加有力的支持。为了促进“珠江人才计划”“粤海智桥计划”和“高层次特殊人才支持计划”的实施，我们应该加大力度，引进数字经济领域的高端人才，并充分利用粤港澳大湾区的建设机遇，与国家共同推进国际科技创新中心的建设，打造一个可持续发展的科技成果转移转化服务体系，同时加强对数字经济领域关键核心技术的研究与攻关，以提升我们的竞争力。

3. 推动融合发展，壮大新兴业态

广东正在大力推进工业互联网的发展，为了帮助实体企业更好地利用公共云资源，提供更多的支持，采取了财政服务券的形式，以减轻企业的数字化、智能化转型的负担。此外，广东还在不断推进企业级和行业性的平台建设，以满足个性化定制、网络化协作以及服务化转型的需求。为了更好地促进服务商和制造企业的协同发展，我们将构建“广东省工业互联网产业生态供给资源池”，并积极推进“互联网 +”的融合创新，以及开发出更多的智能化产品，如智能网联汽车、智能无人机、智能机器人、智能传感器等。

为了实现数字政府的建立，促进职能的转型，创造有利于数字经济的环境，《广东省“数字政府”建设总体规划（2018—2020年）实施方案》提出了以用户体验、流量监测、集约设计、跨界迭代为基础的全面数字政府规划，以及实现全面有序运作的“整体政府”。为了更好地促进政府和企业之间的合作，腾讯公司与三家主要运营商共同创建了“数字广东”网络建设有限公司，负责全省“数字政府”网络的开发和运行。借助珠江三角洲国家大数据综合试验区的建立，我们将深入探索数据资产化，并开展大数据交易流通的试点，同时，我们还将推动政务信息化建设体制的改革，构建“管运分离”的数字政府建设管理新体制，并通过“互联网＋监管”“信用＋”的应用，加快数字经济的发展，促进营商环境的优化。

（二）广东数字经济发展的启示与建议

1. 构建全省协同推进数字经济开放发展大格局

通过借鉴广东的成功经验，杭州将充分利用其数字经济的优势，将其打造成一个具有引领性、标志性的数字经济发展区域，其中包括智慧湾区、城市大脑、“移动支付之省”等。此外，杭州湾还将与宁波等地共同探索建立信息化合作区，推动大数据、云计算、人工智能等新技术的广泛应用，并尝试建立“云上湾区”。为了更好地融入长三角地区，我们应该充分利用G60科创走廊的创新平台，加强与上海、江苏等地的数字经济交流，促进物联网和智能制造等产业的发展；浙江省应该大力鼓励优质的工业互联网平台服务商与上海高端产业龙头企业或开发区建立合作关系，积极引进上海产业链上的资源，并利用乌镇世界互联网大会、德清UN世界地理信息大会等重大会议的影响力，打造一个全球性的数字经济交流合作平台，以及展示和推广新技术新产品的机会。利用杭州实验区作为全球电子贸易平台，与“一带一路”合作伙伴共同建立“数字丝绸之路经济合作试验区”，共同参与数字贸易规则和标准的制定和实施。为了推动数字经济的发展，我们应该积极推进前沿领域的重大科学研究，不断提升高端芯片的核心技术，建立“浙江芯”，鼓励优秀的企业通过收购、投资、合作等渠道，加速在芯片领域的布局，构建完整的集成电路产业链。我们将积极推进“区块链＋物联网＋人工智能”下一代数字技术样板工程，以期培养出具有竞争力的新兴产业领军企业及其独角兽，并且针对国内外数字经济领军企业进行精准招商，同时为其带来的平台型及雁首式企业提供政策支持及财政补贴。为了推动浙江大学、杭州电子科大学等高校的数字经济发展，打造一个以智能技术产业化为导向的联合实验室。此外，我们还将积极参考东莞华为欧洲小镇的成功模式，鼓励各类数字经济领军企业发挥带动作用，加速打造一批具有全球竞争力的数字经济特色小镇。

2. 完善工业互联网体系，加快推进传统产业数字化转型

通过“浙江省工业互联网产业生态供给资源池”和“一站式”的探索，我们可以更精准地满足企业的需求，加快园区产业的数字化改造，开发针对园区场景的工业手机软件，建立园区大数据管理平台，实现对园区企业的全面管理，实时更新信息，提升服务水平。通过建立众包研发、众创定制等新模式新平台，推动网络协同制造和个性化定制等智能化生产，培育一批具有示范和推广价值的工业互联网应用试点企业，构建一个完整的、可持续发展的解决方案库。

3. 发挥数字应用优势，加快拓展数字经济应用新场景

为了促进电子商务的发展，我们鼓励龙头企业与专业市场、商业综合体的合作，为消费者提供更加精确的推荐、更加真实的体验，并且大力推进产销协同、定制化的模式。此外，我们还将大力支持新零售的发展，帮助电商平台整合实体商业资源，并大力推进移动电商、社交电商、无人零售等新型业态。为了促进经济发展，政府将积极鼓励互联网企业投入“健康云”“旅游云”“交通云”“教育云”等云平台，以及其他创新型服务业，如农业物联网、大数据应用、智能化种植养殖、智慧农资、网上直销、智慧配送、质量追溯等，并且积极推动“智慧农业”基地的建立，以期实现经济社会的可持续发展。

4. 推进政府数字化转型，创新数字经济治理体制机制

以“管运分离”为基础，我们致力于打造一个全面的、可持续的数字化政府建设管理体系，充分利用社会各界的资源，拓宽企业及第三方平台的数字化应用范围；同时，不断完善政府的数字化服务及其监督评估机制，以期达到更高的效率，更低的运营成本。浙江省正在努力加强对大数据的管理，以促进纵向的指导和横向的协调。我们正在探索更多的应用，包括协同办公、经济调节、市场监管、决策保障、跨域合作。我们还在研究设立首席信息官制度，以更好地促进浙江省的政务服务网络和手机应用程序的建设。我们还将发布更多的数据开放目录，并

支持社会数据通过政府的开放接口，以便更好地利用大数据来帮助党委和政府做出更明智的决策。我们需要重视并加强对于数字经济所涉及的知识产权，包括专利、版权、商标等，并且要积极推进这些领域的创新与发展。同时，我们还需要建立一套有效的惩罚机制来遏制数据滥用、侵犯个人隐私等问题。

第三节　我国数字经济与行业融合发展的实践经验

一、数字经济在重点行业的发展状况

随着互联网、大数据、云计算、人工智能、区块链等新兴技术源源不断地注入各行各业的各个环节，无人车间、黑灯工厂、数字园区等，正潜移默化地重塑着企业的运营体系、运营机制，而且使传统产业逐渐变得时尚、轻盈、高效起来。以数字产业化为支撑，以产业数字化为根本，顺应数字化、网络化、智能化的发展趋势，数字经济极大地推进了传统产业的转型升级，使各行业领域走在了高质量发展的路上。下面以传统制造业、教育、网上零售为例，介绍数字经济在这些重点行业发展的总体情况。

今天，数字化转型已经不是一道选择题，而逐渐成为传统制造业企业紧急部署的一项长期战略。随着大数据、云计算、人工智能等前沿技术的发展，全球范围内的产业结构发生了一定的变化，使得企业的竞争力得到极大的提升。这种转型的背后，是数字经济的发展，它打破了传统的产业壁垒，推动着制造业的转型升级，使得企业更加灵活地利用数据，从而形成新的商业模式。显然，作为国家的支柱，制造业必须把握数字化的机会，并率先进行改革。

随着中国改革开放的深入推进，中国制造业取得了显著的发展，成为全球最具竞争力的行业之一。然而，这种快速的增长背后，却暗藏着一些不利的因素，如生产管理的粗放和效率的低下。为了解决这些问题，华为于 2016 年正式启动了数字化转型，通过这次改革，华为的 AP 的开发和上线的周期大大减少，只需要 6～9 个月，而且库存周期也从 7 天减少至 1.2 天，交付进度更是提升了 30%。显然，智能制造的普及和发展正在以一种前所未有的速度推动着它的变革。随着

技术的进步，传统行业的边界正在逐渐模糊，而跨界创新也正在为它注入强劲的活力。

当然，制造业在数字化转型过程中也存在一些问题。例如，企业对于数字化生产管理模式的认识不够深入，只停留在生产环节的自动化、高效化，缺少对企业管理、支持服务等环节的重视。因此，面对产业变革的新态势，我们必须认识到挑战与机遇并存，把握住制造业的数字化转型是未来发展的大趋势。

近年来，中国政府积极推动制造业的数字化和智能化转型，从服装、家居、航空、汽车等行业的个性化定制，到网络化协同设计，都取得了一定的发展。尤其是贵州航天电器股份有限公司，其麻花针的生产量达到了惊人的 1 厘米，尽管其尺寸小，但其精密的设计，使其在探月工程、国产大飞机等重大项目中得到了广泛的使用。过去，麻花针的制作需要依赖工人的技能，他们只能凭借肉眼来完成手工焊接；但如今，随着科技的发展，这些工序已经被智能化地完成。具体来讲，工人每一次手工打孔的力度、位置和设备的操作都会上传到云平台，每一针松紧度的数据也会实时上线，然后通过数据模型慢慢固化下来，最终固化到每个麻花针上，这样就使得生产效率和质量都大幅提升。

为了实现可持续的发展，企业应该把握机遇，充分利用大数据技术，实施智能化生产，构建智能制造系统，打造数字化工厂，以及实施全流程、全产业链的数字化和智能化转型，从而促进数字经济的可持续增长。

根据工信部的数据，截至 2019 年 4 月，全国已有 11 个二级节点实现上线运营，标识注册量突破 5300 万，二级节点布局范围涉及机械制造、汽车制造、物流、食品生产、供应链管理、大数据、纺织、线缆、安全等行业[①]。随着技术的进步，标识的应用越来越广泛，从食品工业到日化业、热力行业，各行各业都在努力探索标识的应用场景。标识的出现，使得产品的生产、销售、流通和服务等环节得以有效连接，为现代物流管理、智能包装、全生命周期追溯管理等提供了新的支持。

总之，我国制造业的数字化转型已经进入高速发展期，以数字化、智能化不断推动着产业商业模式的创新发展，实现产品、模式、业态的新探索，使产品质量、服务质量都得到显著提升，最终实现制造业效率和质量的变革。

---

① 吕欣．制造业数字化催生新一轮工业革命[N]．中国改革报，2019-07-31．

随着数字经济的迅猛发展，互联网技术和智能技术的融合使得信息的生成、表达、处理和传播变得更加便捷、高效，这不仅极大地改变了人们的生产、生活方式，而且为社会的经济发展提供了强有力的支撑，更是深刻地影响着人们的认知和思维模式，甚至改变了人类的文明。随着科技的飞速发展，数字技术已经成为教育领域不可忽视的一部分，它以前所未有的形式、方式和节奏影响着教育的发展，引起了全社会的广泛关注。因此，深入研究数字技术如何改变教育显得尤为重要。

随着数字技术的飞速发展，它不仅成为各国发展的重要推动力，而且对教育产生了深远的影响。发达国家纷纷制定发展规划，旨在充分利用自身的资源优势，并将最大的精力投入提升人力资本的质量上，以促进本国经济的可持续发展。当前，前沿技术及其相关理论的研究已经引起了学术界的热烈讨论，各类技术企业和社会力量也纷纷加入教育实践中，以期更好地推动数字化转型，满足当下教育领域对于改善教育质量的迫切需求。随着时代的发展，我国正在大力推动教育信息化，以期将其作为一种引领教育变革的重要战略，不断推出一系列有效的信息化政策，积极探索和推动信息化发展，以期将数字经济的热潮带入教育的大门。

其实，教育领域几乎是最后一个被技术重塑的行业。大部分的偏远学校仍然是普通授课辅导的教育模式，整体运转还是老样子。随着科技的飞速发展，数字技术的应用日益普及，它为传统的学习模式带来了巨大的改变。例如，网络课堂和知识服务等，以及混合学习和自适应学习等多种学习方式。因此，我们应该从教育生态的角度出发，深刻理解数字技术对教育的影响，以期能够更好地促进教育的转型，并为未来的数字化社会培养出更多的数字化人才。加快实现中国成为一个数字化强国的步伐。

随着数字经济的发展和互联网的广泛普及，我国许多经济产业的发展规模和模式丰富程度都已经遥遥领先其他国家，尤其在电子商务的网络零售交易额方面，我国已经连续多年稳居世界第一，并且还在持续增长。

在拉动消费方面，电子商务的作用巨大，而且已经成为促进消费升级的重要力量。回顾过去几年中国电子商务的发展成就，无疑与新一代信息技术的进步是分不开的。4G 技术的发展，给移动互联网带来了便捷性，也带动了手机端消费模式的兴起。5G 技术的到来将会带来更大的应用市场，万物互联隐藏更大的商机。

我们所有的社会活动，都可以做到零延时的信息传递，未来在5G环境下也会有更多的直播短视频，通过视频的角度，就能够初步了解商品的功能，精准找到消费者的需求，这对于带动销量有很大的帮助。可见，数字经济带来的数字化浪潮，为网上零售提供了不竭的发展动力。

从2009年苏宁易购开始，实体零售商大多参与了电商销售，自2017年飞牛网退出网购市场后，我们就应该重新重点审视一下这个已经到来的数字经济时代，它将为我国带来怎样的变化和发展。2018年中国网购市场的市场份额，其中阿里占比58.2%、京东占比16.3%①。可见，这样的市场集中度已经是非常高了，前面两个企业几乎拥有了最大份额的数字资产，包括消费者的ID数据、商品SKU数据、ID与SKU的消费匹配数据以及相关的线上流量，这些数据资产对于网上零售具有很大的支持作用，不仅可以对消费者进行精准营销，而且可以通过大数据分析制定稳准狠的营销策略。总之，面对中国积极推动的数字化转型，我国零售行业已经大踏步进行转型，跟上了数字化发展的时代，并且可以看出拥有巨大的发展前景。

电子商务的飞速发展也为农村带来了福祉。每年丰收季，中国一些偏远地区的农产品都会因为销售渠道不畅通而面临产品滞销的问题。2018年，为了更好地支持贫困县的发展，商务部采取了多种措施，包括组织特色农产品品牌推介洽谈会、专场促销活动、培训电子商务人才、提供一些农业创新创业平台，以及为农民搭建自己的电子商务网站，以期让更多的人能够在网络上购买到优质的农产品。在这样的新形势下，许多民营企业也纷纷走向农村，帮助农民建立电商运营团队，部署一些网络新型推广方法，打造绿色健康的农业特色产品，从而增强供应链整合能力，提升农村可电商化和规模化水平。

二、重点行业的数字经济发展路径

数字化是当今世界发展的大趋势，是推动经济社会变革的重要力量。由数字经济衍生出来的传统产业的数字化和智能化，新兴产业集群的深度发展，要求我们要采取不同的路径去分析与发展，以拓展数字经济的发展空间。

---

① 搜狐网．深度丨中国零售业数字化转型：教训、经验与困惑[EB/OL]．(2019-05-16)[2022-07-15].https://www.sohu.com/a/314485209_349392.

随着政府的大力支持，中国正处于一个充满活力的数字经济发展历史阶段，这一历史性的机遇既体现在政策红利的持续释放、产业格局的深度调整以及经济转型的加速，又体现在传统产业的生态尚未完善、数据价值的挖掘不够、核心技术的突破受到限制，以及数字人才的匮乏等问题。这些都是当前中国数字经济发展的重大挑战，既有可能实现弯道超车，又有可能遭遇掉队的风险。但传统产业肯定有其固有的生产与发展模式，因此需要着眼全球、立足国情，对于传统产业的数字化转型升级要总结出其特有的发展路径，从以下两方面协同推动我国数字经济的发展

（一）加强数字经济的宣传引导，营造良好的发展氛围

虽然数字经济在消费领域已经深入人心，但在农业和工业等传统领域，人们对数字经济的认识和理解还不够深入，一些中小企业对数字经济的发展还处于观望状态。因此，政府需要加强宣传引导，让全社会都能够深刻认识到发展数字经济的作用和意义，积极参与到数字经济的建设中来。例如，政府可以发布相关行业数字经济具体行动计划，对针对性行业进行企业试点，然后通过利用企业典型的成功案例进行宣传推介，吸引各类企业加入实践。同时，政府还可以通过资金引导，创建产业基金或创投基金等，给传统企业数字化转型升级提供资金扶持，从而缓解传统企业的资金压力。

（二）加强核心技术研发，为传统行业转型发展提供新动能

技术的发展和应用在数字经济发展中占据着极其重要的地位，而企业在产业链中的地位也往往是由于核心技术的差距所决定的。中国想要更好更快地发展数字经济，传统产业想要在国际竞争中占据主导地位，就必须提升自身的技术创新水平，尤其是计算机、通信和微电子技术领域中拥有自主知识产权的技术。因此，政府和企业要高度重视核心技术的研发，加大研发资金的投入，吸引高科技人才。这样，才能够为数字经济发展提供基本保障，促进我国传统产业的数字化转型。

第四章　新时代数字经济发展方向与策略

本书第四章为新时代数字经济发展方向与策略，依次介绍了新时代数字经济的发展方向、新时代数字经济的发展策略、新时代数字经济制度体系建设的困境与前景、新时代数字经济发展的实践——以贵州省为例。

第一节　新时代数字经济的发展方向

一、数字经济与产业的深度融合

当前，中国的数字与产业是相互交织、相互拉动、相互促进的关系。下面主要从以下三个方面进行论述。

（一）数字化渗透到产业的各个角落

伴随着数字技术的推广、运用和普及，数字化已经以加速度渗透到各个产业，已经以席卷之势覆盖每个产业的各个角落。这一点，从地摊经济的数字化可见一斑。

地摊经济是城市的一种边缘经济，已成为城市形象和环境的重要组成部分，但是，摊贩也有它的特殊优点，可以减轻一些就业压力，地摊经济、小店经济是就业岗位的重要来源之一。

此后一段时间，全国各地的地摊经济百花齐放。紧接着，令许多人意想不到的情况发生了，那就是，数字化快速渗透到这个不起眼的边缘经济形式当中。人们形象地总结说："摊位还在地上，但经营已经在云上。"利用数字化技术重构"人货场"的新零售，已将地摊经营大部分流程搬到线上。

有人说，2020 年 6 月 2 日是值得纪念的一天，几家电商及零售巨头同时公布了地摊经济计划。微信支付针对平台上超过 5 千万的小微商户，推出了"全国小店烟火计划”。线上下线上一体化、商家教育指南、福利补贴、经营保障支持方面，输出四大全新数字化政策，为小微商家提供帮助。京东推出了一项名为“星星之火”的地摊经济支持项目，将从三个层面着手，保障供应，促进运营，促进就业，整合 500 亿以上优质资源，对个体商户给予不低于十万元的免利息信贷，以大力扶持个体商户。苏宁启动了“夜逛合伙人”支持项目。“当日配”将向全国各地的夜市经营者，提供高品质的本地直接供应，高达 ·千亿元。苏宁、苏宁等连锁超市在全国范围内开通 10 000 个冷藏仓库，夜间市场商户可以享受到 3 公里以内的免费冷藏仓库；制定了 20 亿元的夜市启动资金低息扶持计划，对摆地摊的经营给予财政上的扶持。

阿里巴巴于 2016 年还推出了一项支持摊位经济的项目。此外，还将在 1688 上开设“摆摊批发部”，为顾客提供七百多亿元的优惠信贷，从金融扶持、源头好货、数据智能、客户保障四个维度进行赋能，为 3 000 多万“摊主”的采购、运营提供了全面保障。这些以当地生活为主的平台，比其他电商平台更能洞察到下沉市场。美团在已经正式推出了“春风行动”，通过优惠贷款，线上化运营，安心消费，线上化运营，线上化运营，针对性培训等措施，帮助小店生存，生活更好。

在优秀企业的带动下，更多领域平台企业的地摊支持计划正在路上。但不管哪家企业，其计划内容中都涉及数据运营、资金支持、经营保障等数字化运营的相关举措。

融入数字化技术的地摊运营模式，正在成为新趋势。一方面，现在的地摊需要更简单、快捷、低成本的经营方式；另一方面，如今的云计算、大数据等数字化技术足以触达地摊运营。不管大摊位还是小摊位，只要涉及消费互联网，凭借多年积累的经验与持续创新的技术，就是再复杂的消费场景，平台们也能拿出相应的解决方案，对其升级、改造并实现赋能。

所以，各大平台支持地摊经济只是表面，本质上是数字化技术正在改造地摊经营。在供应链方面，摊主已无须再去小商品市场进货，只要在阿里、京东、苏宁等平台下单，很快就能收到自己想出摊售卖的商品。在交易与支付方面，以前逛地摊可能都要带一些零钱，现在逛地摊只需带一部手机，几乎所有商家都支持移动支付方式。在管理方面，原来面向店铺业务员同样可以服务地摊。移动 POS

机依然可以扫码，每个摊主都可以用店铺管理 App 经营，记账、库存等的管理，无须再用纸笔记录。

有专家学者认为，地摊经济 + 私域流量 + 社群经营 + 知识付费 + 网红孵化 + 直播带货，如果多项组合的模式足够稳定，体量达到上千摊位与成百社群，便足以催生一个市值几亿以上的企业。而这一切商业构想都基于数字化驱动。数字化与地摊经济的融合，闭环能力就要差很多。

（二）产业化促使数字产品爆发

数字技术和产品不断发展，进而规模化、产业化，会反过来拉动数字技术和产品的不断升级和爆发式增长。例如，京东数字科技致力于以人工智能、大数据、区块链等时代前沿技术为基础，开发多种产品为企业创造更大的价值。在他们的产品中心，各类数字产品让人目不暇接。关于金融的，有数字银行、互联网银行解决方案、移动银行解决方案、开放银行解决方案、智能营销解决方案、银行智能风控解决方案、智慧决策解决方案、银行数据中台解决方案等；关于证券的，有移动证券解决方案、证券数据中台解决方案、投资交易管理解决方案、证券智能风控解决方案、信用分析解决方案、固收智能交易解决方案等；关于农业的，有数字水产解决方案、数字养牛解决方案、数字养猪解决方案、智能四季温室解决方案、循环农业生态聚落解决方案等；关于 AI 科技，有可穿戴 AI 仿生手、室内运送 AI 机器人、商场 AI 机器人、机房巡检 AI 机器人等；关于区块链，有区块链电子化签署方案，全流程存证；关于虚拟数字人，可以定制人脸识别、人体识别、语音识别、语音合成、人脸门禁、人脸闸机等，为企业或个人提供更安全、更便捷的科技体验。

正因为如此，不少专家学者提出，把数字产业作为第四产业独立出来。原因如下。

首先，从产业结构合理化的角度来看，三次产业的构成和发展，随着社会经济的发展，三次产业的构成和发展也逐渐得到承认和建立。因此，要从动态和发展的角度对工业结构进行分析。合理的产业结构是指在特定的历史环境下，在特定的经济发展时期内，通过对产业结构的调整，使其朝着更高的层次发展。随着经济生活的日益复杂和经济活动的步调的不断加快，传统的行业分类方法已不再适用。所以，我们要有胆量打破三次产业分类的桎梏，把数字产业这个正在兴起的行业定位为第四个行业。以此为基础，以此为基础，以此为依据，以此为依据，对现有的产业结构进行调整，使其朝着更高的经济效益方向发展。

其次，对比分析了数字工业和传统工业。第一，数码产业与一次产业、二次产业的不同之处，一次产业、二次产业都是一种物质资料的再生产，但数码产业的本质与特征却比一次产业、二次产业的总体要大得多，不论将其归属于何种类型的数字行业，均不能满足这一类型的特性。第二，数字产业与其他服务产业的区别虽然从某种意义上说，数字产业也是一种服务业，但是毕竟数字产业这种知识性服务与一般的服务还是有许多不同之处的。正是这些不同之处，奠定了数字产业从服务业分化出来形成一个独立产业的基础。

再次，数字产业与其他服务产业的区别主要表现。第一，劳动工具不同。服务劳动工具主要是各种有形的工具，数字劳动使用的主要是大脑及大脑器官的延伸物——数字处理工具。第二，劳动形式不同。服务劳动主要是体力劳动，数字劳动主要是脑力劳动。第三，劳动对象不同。服务劳动对象主要是人和环境，数字劳动对象主要是各类数字。第四，劳动产品形态不同。服务劳动产品主要是人的生理性变化与环境变化，数字劳动产品是依附于各种载体上的数字。第五，劳动产品的效用不同。服务劳动产品主要用来满足人们的生理需要，数字劳动产品主要用来满足人们的精神需要。

最后，我们还可以从产业的市场范围和就业人员的素质来看数字产业与其他服务产业的区别。从产业的市场范围来看，数字产品和数字服务在空间上的扩张渗透力极强，具有全球范围的市场潜力，而其他服务产业的产品和服务受地域限制比较大。从就业人员素质来看，数字产业要求素质高、知识面宽的员工，是智力密集型产业，而其他服务产业对从业人员的要求不高，是劳动密集型产业。综上所述，数字产业确实是与第一产业、第二产业、第三产业不同的独立的第四产业。

（三）产业数字化与数字产业化的交叉融合

习近平总书记指出，要把握好产业数字化和数字产业化带来的发展机会[①]。数字技术是一种以科技为基础的、以科技为基础的、以科技为基础的新型科技。目

① 李斌，郭宇靖，盖博铭，等．未来产业：塑造未来世界的决定性力量[M]．北京：北京联合出版有限责任公司，2021．

前，我们正处于数字化基建的高速发展时期。随着互联网、数字化和智能化的发展，将会成为今后经济发展的主要趋势。在新的数字基础上，我们要用前瞻的技术和观念去考虑我国的产业升级和经济发展方式。

数字形式将会是人与人、物与物之间互动的主流形式，也是我们对未来工业形式进行思考的出发点。如今，以智能电话为基础的消费型网络已经形成“手机上的中国”。数码技术是指一般用途技术，它对传统实体建筑的变革有明显的渗透性；数字化技术对传统的基建进行了赋能，为将来的发展提供了新的契机。除此之外，还有 3D 打印、AR 眼镜、智能机器人、无人驾驶等，也会将数字基础设施延伸到整个实体世界，延伸到工厂、城市和农村，促进产业数字化与数字产业化的双螺旋。

产业数字化与数字产业化不是两个平行的进程，而是会彼此叠加、相互促进，其中的关键是形成工业互联网。工业互联网的本质是以数据作为驱动，通过数据来实现信息的交换与传递，通过数据来洞悉生产与商业的运作规律，通过数据驱动全价值链和全要素的网络化协作，新模式、产生新价值、新业态和新产业。例如，将用户的要求及时地传达到制造端，并将用户的意见作为新一代产品的关键依据；再比如，运用数据、算力、算法与模型，来描述、分析、诊断和决策在物质世界中发生的行为，并以最小的试错风险和代价来实现，在现实世界中管理产品和操作；再比如，生产企业可以从出售产品的单一模式转变为一个管理服务商，为使用者提供优良的服务体验等。

产业数字化与数字产业化的大融合、大交叉与大协同，产业、技术、科学、区域经济、社会之间的高度交叉和融合，更多的新业态、新模式、新现象与新的价值创造方式将不断出现。工业数字化和数字产业化发展的双重螺旋式发展趋势，将出现以下 4 个新的特征：①普惠化，即产业数字化的投入费用会大大降低，使中小型制造业企业可以像大型企业那样享有数字化的福利；②智能化，“数据 + 算力 + 算法”所产生的智慧决策将会深入公司运作的各个环节，使公司的经营得到系统的最优；③分布性，每个具有显著的产业聚集效果的地区，将形成自身的生态；④无国界，“万物互联、万物上云”，将促进互联普及，并大幅扩大新型价值网络的范围和规模。

从互联网出现至今的发展过程中，我们可以看到，链接自身可以产生价值。

伴随着全社会的数字发展速度越来越快，网络的联系也越来越广泛，网络的深度和宽度也越来越大，这将为企业带来更多的价值。中国的工业数字化与数字产业化，必将给中国的经济带来巨大的变革与变革，为中国的高质量发展注入新的动力。

二、新时代数字经济背景下智能经济的发展

（一）迎接智能经济时代

在论述智能经济时，我们有必要先分清智慧经济与智能经济的区别。有经济专家认为，智能经济是以智能机和以信息网络为基础、平台和工具的智能经济，它是智能经济形态的构成部分，凸显了智能经济。中智能机和信息网络的地位和作用，体现了知识经济形态和信息经济形态的历史衔接。智慧经济是以创意知识为主，以创意产业为主的知识经济形式，这才是真正意义上的完整的、真正的“知识经济”。

我们常说的智能经济，应该是以大数据、人工智能等新一代信息技术为核心驱动力的数字经济新形态。智能经济是将效率、和谐、持续作为基本坐标，将物理设备、计算机网络、人脑智慧作为基本框架，以智能经济、智能政府、智能社会为主要的内容经济结构、增长方式和经济形态。在经过了 PC 的发明和普及，到 PC 物联网，再到移动互联网。如今，数字经济已经进入了以人工智能为核心推动力的智能经济的新阶段。智能经济将为世界经济注入新的生机，成为推动世界经济复苏的主要动力。

由人工智能推动的智能经济将从 3 个层次产生巨大的变化与冲击。

①改变了计算机与计算机之间的互动。在一个智慧经济的时代，智慧终端将会比手机的范畴更加广阔，它包含智慧音箱、各类可佩戴设备、无所不在的智能传感器等。随着时间的推移，无论是应用还是服务的形式都会随之改变，人类将会以一种更为自然的方式与机器和工具进行沟通。哪怕是人们日常使用的搜索，在 AI 的世界里，也会被激发出无穷的潜能。以往的搜索引擎，都会给出一个问题的十个答案，让使用者自己选择。在这个人工智能的时代，人们可以进行的人机互动的平台，已经远远超出了手机的范畴，所以，要让这个搜索系统有一个很

高的智商，能够给出一个明确的回答。将来，当一次查询就能解决99%的问题时，人们就会发现，人们所关心的问题就会越来越多，不只是对手机的限制，对手机的限制也不只是对手机的限制，这就是对移动电话的约束。在以后，搜索引擎的形态还在继续改变，但其庞大的市场，却远远超出了人们的想象。

②在基础结构方面发生了一定的变化。操作系统、传统的CPU、数据库将不再是舞台的中心，而是一个崭新的人工智能芯片，一个方便快捷的云计算，并将其用于多种应用程序的开发平台。而那些普适性的AI，以及其他一些类似于AI的东西，则是未来人类社会发展的基石。

③智慧经济创造了新的商业模式。交通，医疗，城市治安，教育等，各行各业都在飞速发展。新的顾客需要、新的经营方式将不断涌现。人工智能已经深入各行各业，真正地与我们的生活和生产融为一体，可以看到，也可以触摸到。目前，长沙市已经开始试点无人驾驶的计程车，只要使用手机App，就能让市民在距离市中心100 千米以内的无人驾驶车辆实现“无人驾驶”。这不但将极大地促进智能网联汽车产业的发展，也将极大地促进城市交通基础设施的升级。

（二）智能经济的核心驱动力是AI

2020年6月18日，《新基建，新机遇：中国智能经济发展白皮书》由中国发展研究院与百度共同发表。作为业内首个全方位构建智能经济新时代版图的白皮书，对智能经济的发展趋势给出了新的预判：数据驱动、人机协同、跨界融合、共创分享的智能经济，将在更大范围内催生出新技术、新业态、新模式和新产业。

当然，人工智能是智能化的关键核心技术，但智能化又不只是人工智能。智能经济发展在数字化、网络化的基础上，需要将大数据、物联网、并行计算等一系列新一代信息技术融合在一起。除了要通过算法创新、模型突破在新一代智能技术方面形成核心竞争力，同时，也要推动大数据发展，夯实智能经济发展的数据基础，并综合利用工业领域、材料领域、能源领域最新技术成果，才能将人工智能技术真正落地，开辟出全新的经济增长空间。

大约从2019年10月份开始，“智能经济”逐渐成为业界讨论的焦点，只是彼时对智能经济的发展趋势似乎还没有统一，有人将智能经济视为下一步增长的核心动力，从上到下开始了新一轮的统筹布局；也有人认为智能经济还相当遥远，仍处于观望状态。中国发展研究基金会作为国务院发展研究中心发起成立的全国性公募基金会，所发布的智能经济白皮书，无疑向外界传递了一个积极信号：在“新基建”的驱动下，智能经济的巨轮已经扬帆起航，整个社会的经济结构正在步入新的拐点。

在这样的背景下，智能经济已经上升为国家重大发展战略，正成为一场关乎国运的产业化革命。但同时也面临着一系列的挑战，如技术创新的瓶颈、人才体系的薄弱、数字安全的风险等，也就注定了智能经济时代的行业格局。

百度已经掌握了 AI 的关键技术，有百度大脑、飞桨、百度智能云、Apollo 等，这些都是百度独有的 AI 技术。再把人工智能融入到已有的基础架构中，使其成为智慧运输架构中的重要一环；而飞桨的开放与开放，与产业智能化发展的同步，更是在这场变革中，率先实现了对创新的“卡位”。

阿里充分利用了云计算这一领先技术，为新基建提供了一定的“云基础”，并逐渐完善了其数字化架构，除了阿里的云端平台，还有达摩院、钉钉、城市大脑等数字平台，以及阿里的技术、业务、服务等平台，共同打造出一套属于阿里的“商业操作系统”。

腾讯牢牢把握住了社会链接这一基本要素，并在行业互联网这一大趋势下，推出了如“腾讯云”“腾讯会议”和“企业微信”等新产品。

华为抓住了 5G 的绝对优势，围绕新基建的布局也偏向于底层，5G 标准、鲲鹏处理器、昇腾系列芯片等均是如此。

（三）智能经济的发展趋势

智能经济作为一种新的经济形态，它有什么样的特点和趋势？主要表现为以下四个方面。

1. 数据和知识成为经济增长的关键要素

从 20 世纪 50 年代电子计算机发明开始，电子化数据就应运而生。PC 时代，主要解决数据的保存、运算和查询问题，称为“数字化时代”。数据由模拟到数字，物理世界的业务流转换到虚拟空间。整体业务流程没有本质上的变化。但数字化的存储、查询、传输效率大大提升，从而创造了数据的经济价值。PC 机、服务器的生产，办公软件和生产管理软件的开发成为当时重要的产业模式。

20世纪90年代以来，互联网逐步进入应用。尤其是2000年以来，网络化加速发展。通过互联网，实现了数据在大范围内的交换和流动。解决信息的可获得性和信息不对称，创造了新的信息流、改造了原有业务流，发展起了BAT、O2O、滴滴打车、共享单车等产业模式，推动信息技术革命进入网络化时代。

大数据尤其是人工智能技术的发展，对数据的开发利用从信息交换进入挖掘利用阶段，基于数据及数据之间的联系，发现规律、生成知识、形成认知、产生决策。数据和知识的经济价值得以进一步发掘。当前，大数据驱动已经成为智能计算的主流模式，基于海量数据、知识库和知识图谱的智能应用在医疗、教育、金融等领域不断拓展。因此，数字经济以数据为要素，而智能经济是其未来发展的高级阶段，数据和知识成为经济增长的关键要素。中国拥有全球最多的网民数量，通过网络化阶段的发展积累了海量的网络数据，各行各业也积累了丰富的行业数据，为中国下一步发展智能经济打下了坚实的基础。

2. 人机协同成为主流生产和服务方式

感知技术成为当前人工智能产业化的主要内容，尤其是图像识别技术和语音交互类技术进入产业应用阶段。通过感知技术的成熟，机器能够以全新的人机交互模式感知人类，与人进行交互。如在制造领域，感知技术的成熟将推动传统的自动化生产设施和工业机器人向智能化升级。之前的工业机器人还不具备很强大的感知能力，这时候的机器人还需要在一个围栏里使用，避免对人的误伤。随着感知能力和人机协作能力的提升，未来就会走向人机协同生产的趋势。同时，在会计、金融、教育、医疗等行业，大量岗位将会随着人工智能技术的发展改变其工作模式，各种类型的能力强大的智能助手的出现，使得大量简单、烦琐、重复性的工作由智能助手完成，人们只需要完成其中的技能性、创造性更强的部分。通过人机协同，不仅人们的工作舒适度将大幅提高，而且人们的工作效率和工作质量也会大大提高。这种人机协同模式将覆盖从决策到运营，从生产到服务的经济活动全链条，成为未来智能经济中一个重要的特征。

3. 跨界融合成为重要经济形态

相比以往的信息技术，人工智能具有更强大的垂直渗透和横向整合能力。如今，人工智能已经逐渐渗透到各行各业，在医疗、汽车、金融、零售、安防、教育、家居等行业都有了具体的落地产品，通过“人工智能+”的方式，推动信息技术与传统产业深度融合。另外，数据作为新的生产要素，也会改变原有的产业链结构。跨界获取数据将会极大增强自身产品的竞争力，将自身数据应用于别的行业，也可能衍生新的商业模式和产品。行业之间的界限变得模糊，跨界、跨行业的融合发展正在成为经济发展的新形态。

4. 共创分享成为智能经济生态基本特征

网络时代开始，基于互联网的共创分享模式已经快速地发展起来，在网络化时代，随着基于互联网的群体智能技术的发展，不同个体之间智力的分享和协同可能成为可能，众创、众包、众服成为组织经济活动的基本方式。在大数据驱动的基本模式下，随着智能可穿戴，数字孪生体技术的进一步应用，智能化应用向平台化、生态化发展，这类智能化产品的用户既是产品的使用者，同时也是产品创造者，智能化应用的共创分享特征将越来越明显。

第二节　新时代数字经济的发展策略

一、牵住数字关键核心技术自主创新这个“牛鼻子”

2020 年我国数字经济发展规模突破 40 万亿元，稳居世界第二。尽管如此，我们在一些基础技术领域和核心技术领域，仍然未摆脱受制于人的困局，数字经济的发展还有不尽如人意的地方，在做强做优方面亟待解决。如果实现了做强做优，做大也就顺理成章了，这种局面如果成为现实，国家竞争新优势也就能得到凸显，还可以为广大消费者带来更满意的服务和体验。我们应该清醒地认识到，数字关键核心技术上的短板是最大的“命门”，紧紧牵住数字关键核心技术自主创新这个“牛鼻子”是补短板的关键。

（一）深刻认识数字经济自主创新的重大意义

第一，自主创新既可以增强我国的国际竞争新优势，又可以增强我国发展的长期动力；既可以提高我国经济增长的质量和效益，又可以加快转变我国的经济发展方式。

第二，数字经济自主创新的加快，在传统产业优化升级的支持方面有利，并且会催生新模式、产生新业态和新产业，在传统动能的改造升级和新动能培育壮大方面也有很大的促进作用。一方面，数字经济自主创新的加快，对深化要素市场化配置改革有利，并且在降低实体经济运行成本方面有很大贡献；另一方面，数字经济自主创新的加快，对于构建新型发展体制机制有利，并且可以加快形成诸如创新发展的市场环境、投融资体制、分配制度、产权制度、人才培养引进使用机制等大好局面。同时，数字经济自主创新的加快，在变革经济发展的动力、质量、效率等方面，在提高全要素生产率，加快国家创新体系建设，不断增强国家经济创新力和国际竞争力方面都具有强劲的推动作用。

（二）明确牵住自主创新“牛鼻子”的着力点

1. 加强数据安全工作和深化数据治理

就像农业时代的劳动力和土地一样，工业时代的数据、资本、技术已然变成了数字经济最核心的生产要素。在这当中，政府成了掌握那些海量公共数据的主体。应选择在交通运输、医疗卫生等重点领域进行改革试验，对公共数据的分类分级开放策略进行周密的研究，在公共数据的开放共享体制机制方面进行积极的探索，在社会各方开发利用公共数据资源的规范化、制度化、法治化方面需要加快步伐，从而最大限度地挖掘和释放公共数据的潜能。对于电商平台、互联网企业等采集来的数据，应开展数据反垄断、平台经济、数据流通等相关立法的建立健全工作；对定价、数据流通涉及的产权明确等环节的交易问题，加强对共享、使用、存储、数据采集等相关行为的规范；明确平台各相关主体的权责规范，为数据的流通创设轻松的法律和政策环境。与此同时，还要尽快完善个人信息保护、数据安全等方面的制度规范和法律法规，从而加大对个人信息的保护力度。

2. 推进重点领域智能化数字化的应用强化

三大产业深度融合发展，人工智能、大数据等新技术的引导，以及向生态化、平台化、智能化、数字化的升级，数字经济在助推实体经济发展方面，会有叠加和倍增效应。要促进物联网、大数据、云计算、人工智能等新兴技术向重点行业的渗透转化，加快推进智能家居、智能制造、无人驾驶、智能交通、智慧教育、智慧医疗等智能经济应用发展。

3. 加强数字经济相关基础性研究的开展

与传统经济相比，数字经济有许多不同的特点，传统经济学理论的解释和指导不能完全适用于数字经济，因此，亟须解决基础性研究问题。应指导研发中心、科研院所、高校加强对实操、技术、相关理论等方面的研究，在产品定价、组织管理、企业组织、竞争理论、数据产权等领域加快取得突破性成果。同时，要加快培养一批研发技术过硬、基础理论功底深厚的数字经济骨干和领军人才。

4. 加强数字经济国际交流与合作

以跨境电商为基础的“数字丝绸之路”为依托，加快共建“一带一路”国家数字基础设施的互联互通和建设工作；实现信息流和数据流的互联互通，与各个国家的优势资源和核心生产要素相连接；加强我国与国际社会在智能化安全、智能化产业、智能化研发等方面的合作，进而加强我国对数字经济国际规则的探索和研究，最终提升我国在国际社会的话语权。

二、发挥我国制度优势、体制优势和市场优势

在世界范围内，在日益加剧的数字经济竞争中，我们正面对着既要实现快速增长，又要实现高质量发展。但是，在发展数字经济上，我们在制度、体制和市场等方面，仍具有一定的优势。抢占数字经济未来发展制高点，推动我国数字经济健康发展，我们应该把社会主义制度的优势，新型举国制度的优势，以及巨大的市场的优势加以利用。

（一）我国社会主义制度优势

1. 我国独有的集中力量办大事的制度优势

独特的体制上的优越性，让我们可以在数字化的发展中发挥更大的作用。比如，新型基础设施的建设，需要的投资巨大，涉及的行业范围广，规模大，这就导致了建造费用相对较高，这就要求有更多的商业及私人资金投入和扶持。所以，我们一定要利用我们独特的，可以集中精力办大事的体制优势，这无疑为数字经济生态体系的健康发展和完善奠定了基础。因此，我国独有的集中力量办大事的制度优势，具有重大的现实意义和战略意义。例如，在浙江省，河北省（雄安新区），福建省，广东省，重庆市和四川省联合建立了“全国数字经济创新发展实验区”，对体制改革进行了进一步的探讨，以加快实体经济数字化转型为中心，对建立与数字生产力进步相适应的生产关系进行了研究。构建与平台经济、共享

经济等新经济发展需求相适应的管理体系，探讨有效、安全的数据流动与使用的相关政策体系。尤其是浙江省，把“数字化改革”作为其发展的主要方向，研究出台了一系列政策文件，推动全省范围内的深化改革和革故鼎新，全面引领数字经济新产品、新模式、新业态、新就业、新消费、新生活方式。

新的5G时代已经到来，中国将集中大规模投资建设5G基站和运营平台。与此同时，中国巨大的国内市场也将充分发挥作用，释放出更多消费潜力。中国集中力量办大事的制度优势明显，在此情况下，中国数字经济的发展成果也将充分造福民众。

2. 我国包容宽松的政策法规体系

目前，民众、企业和政府对发展数字经济的认识已经达到了一个新的高度，数字经济发展需要的良好的政策环境在中央到地方自上而下的政策部署中都得到了体现，数字经济新模式、新业态和新产业所蕴含的巨大潜力和强大动能的助力持续释放。中国对数字经济采取了一种相对比较宽容的管理方式，将其作为一种重要的发展方式，并将其作为一种重要的发展模式加以实施。近几年，随着“上云用数赋智”行动、数字化转型伙伴行动等政策和举措的出台，我国发展数字经济的制度优势越来越明显。

（二）新型举国体制优势

1. 国家重视促进数字经济发展的顶层设计和体制机制建设

党的十八大以来，在发展数字经济方面，党中央对此给予了很高的关注，将其应用到了网络大国和国家大数据战略之中，对网络经济的空间进行了扩展，同时还对以互联网为基础的各种创新进行了积极的鼓励。促进互联网、大数据和人工智能与实体经济的深度融合，加快数字中国和产业数字化进程，加快数字产业化和产业数字化进程。构建一个极具国际竞争能力的数字产业群，使得我们国家的数字经济得到了一定的发展。

2. 市场主体机制

近年来，我国大力推动互联网与消费领域深度融合，积极培育内生增长动力，培养了一批走在世界前列的数字平台企业，在电子商务、移动支付、共享经济等数字经济核心领域引领全球。一大群中小企业通过龙头企业的引导和引导而聚集起来。与此同时，要以市场与政府的联合推进为基础，在金融、人才、新型基础设施、制度等因素的支持下，大型的数字化工业生态已初步建立，并加速了传统工业的转型与升级。

3. 协调配置机制

目前，在数字经济蓬勃发展的背景下，网络平台已经作为最基础的经济机构进行了有效的资源调配，并发挥了一定的作用。一方面，以网络为基础的数字经济，在一定程度上降低了信息不对称，可以有效地防止由于生产要素的过度使用或闲置而导致的资源浪费。另一方面，同时，还可以利用技术和方式的创新，来突破各种要素在生产过程中的时间和空间限制，加大对生产要素的投入力度。网络平台以创建一个共同的、双赢的、共同的生态体系来促进全社会的数字化转型，向众多的中小型和微型企业提供负担得起的世界级的数字基础设施，可以促进更多的资源的有效聚集，从而显著地减少了全社会的信息成本，促进了更广泛的协作。

“十四五”期间，我国数字经济要实现高质量发展，需要在数据要素的基本体制、交易流通、跨境传输和信息安全保障等基本体制和标准体系上实现新的突破。坚持并充分利用这种新的举国制度的优越性，一是要加快实现物质社会的转变。加速推动实体企业价值链、供应链各环节的数字化转型进程，加速企业“上云用数赋智”，将各部门、各环节的数据连接打通。促进企业经营过程，经营模式，经营方式的变革。二是要“敢试敢闯”，突破市场监管、宏观政策和法律法规等阻碍，建立适合于数字经济发展的政策法规体系。三是对数字治理规则进行健全，推动数据权属、开放和流动，促进数字市场的公平竞争，对网络安全等领域的法律法规和管理制度进行强化，创造出一个良好的数字经济发展环境。要主动参加数字领域中的全球治理规则的制定，加强数字经济的国际分工，推动数据、数字商品和服务的跨境流通。

（三）我国超大规模市场优势

1. 市场规模优势

在数字经济中，最显著的特点就是具有互联网的外部性，当一个市场的大小变得更大时，就会对大量的数据的生成更加有利。这对数字经济的发展，是非常有利的。

2. 消费群体优势

技术的可持续发展离不开市场需求的激励。我国人口数量众多，且人均 GDP 突破 1 万美元（1 美元≈ 7.1375 人民币），消费能力和潜力较大，超大规模市场这是一个非常明显的优势。在中国，拥有一个巨大的数码用户群体，并且各类数码软件的渗透水平在全球排名第一。广大的消费人群促使各个数字企业不断开辟新场景新产品，使消费者的个性化需求得以满足。当前，更多中国的网络企业，正采取一种独一无二的，能够在线和线之间进行全面连接的生态策略，加强与消费者的交流，利用社交手段来实现更多的新产品新服务。

2020 年，疫情曾给经济按下暂停键，而随着“双十一”再度来临，从商家到消费者，从外贸工厂到田间地头，从直播生态到物流体系，从国内到海外，都达到了颇为默契的协同，向世界展现了中国的消费信心。物流方面，随着数字技术渗透到供应链管理、仓库发货、快递中转、末端配送，“双十一”的物流体验显著提升。

3. 消费变革优势

随着传统消费市场和大数据、云计算、人工智能等数字技术的融合，许多以数字技术为依托的全新消费形式应运而生，在满足人们多样化消费需求的同时又促进了数字技术、数字产业的发展升级。我们要充分利用好我国超大规模市场的优势，推动新技术快速大规模应用和迭代升级，加速科技成果向现实生产力转化。同样以 2020 年的“双十一”为例，各大电商纷纷打破传统的消费模式，转向以数字技术为依托，全力为消费者打造各种新的消费模式。

继续保持和发挥这些超大规模市场有利条件，一是要抓住目前国内消费升级势头强劲的势头。本项目将为我国未来的数字经济发展带来更丰富的技术支持，同时也将大大减少我国企业在自主创新中的试错成本。在与数字经济相关的大数据和人工智能等领域中，数字经济可以依靠大量的数字消费者来获得迅速的发展。另外，中国还有一些工业不够完善，传统工业很难很难满足人们不断提高的高质量生活需求。而在今后，“数字经济”将会为用户带来更多的创新，并能直接触及用户的痛处，带来更大的飞跃。二是要把消费范围扩大到生产范围。作为全球最大的制造业大国，我国拥有着完整的产业链体系、门类齐全、发展层次多样的特点，产业数字化发展有着广泛的市场，同时也有着丰富的应用场景。目前，我们国家的数字经济的优势，主要集中在了消费方面，在今后，我们要将更多的精力放在生产方面，充分利用数字科技的强大力量，让实体经济的全要素生产率得到提升。培养出一批在产业数字化和数字支撑平台方面具有世界一流水平的公司，从而促进我国工业迈向全球价值链的高端。三是要加快推进数字化消费的质量提升。要让公司运用新一代的资讯技术，来研发出更多的智慧网联化的产品，持续地对网络上的各项业务进行创新，提升数字产品与服务的个性化程度，以适应消费者的需求，推动科技与产业的发展。

此外，在数字经济发展方面，我国还具有其他一些优势，这些优势也为数字经济的腾飞保驾护航。一是科技上的优越性。不断更新的资讯科技，给数字经济的成长注入崭新的生机。最近几年，我们在5 G、区块链、量子计算、物联网、人工智能、大数据等信息技术优势方面，不断地取得了重大的进展，同时还在加速推动其工业化应用进程，为数字经济的繁荣发展提供了强有力的支持。二是工业上的优越性。我们已经是一个生产强国，在全世界只有我们一个，在所有的工业类别中都有我们自己的工业，我们的工业体系也是最完整的。当前，随着工业互联网的迅速发展，将会给未来的数字经济发展提供更多的机会。三是后发展的优越性。从整体上来说，我们的工业数字改造仍然处在初期阶段，而在传统工业中的数字改造还需要进一步地提升。同时，各地区之间的数字经济发展不均衡的问题也越来越明显，偏远落后地区、制度优势，将政府、市场和社会进行了有效的融合，要做到科学地规划，集中力量，优化机制，协同攻关，牢牢地把握住发展数字经济的自主权。

三、提高数字技术基础研发能力

我国数字经济发展已经形成规模和速度优势，正在全面优化升级和深度融合发展。在此基础上，我们要认清形势、把握机遇，强化数字经济发展的技术基础的研发能力，营造更好的发展环境，高水平统筹发展与监管，着力推动我国数字经济健康发展。

数字经济发展的技术基础之所以如此重要，一方面，因为数字经济的发展取决于基础数字技术的研发。数字化技术要带动经济腾飞，一定要结合各种科技要素和实体，其中数字经济要和物联网技术结合，与各类大数据结合，和机器人结合，与虚拟现实结合，与教育模式结合，与设备技术结合。通过状态场景的不断研发，就能让数字技术高速融入并应用于数字经济的各种场景工程。另一方面，因为基础研究是自主创新的源头。自然科学对物质的基本原则和规则的探究，不但需要长久的不懈地奋斗，更需要来自不同国家和背景的科学家的共同协作。我们要善于把握把基础研究成果转变为生产力的机遇，在对先人已经取得的成功进行充分的传承和借鉴的同时，把发展的现实和自身的发展特征相结合，开创出一种更新的、更好的发展模式。

（一）完善数字技术基础设施支撑体系

这是数字经济的底层逻辑和发展根基。有专家指出，以5G、区块链、集成电路、云计算、大数据、人工智能等为主要内容的新一代信息技术，它们的发展速度很快，相互间也很好地融合在了一起，这使得“技术一产业”的互动迭代效果不断加强，并对世界上的技术和产业体系产生了一定的影响，为数字经济的创新发展提供有力的支持。要实现这一目标，就要开展“双千兆”通信协调发展的行动，推进千兆光纤通信系统的更新，打造优质、高效、安全的5G通信系统。开展5G应用创新活动，构建5G行业生态，不断扩大5G应用范围。加快提升互联网质量和速度。加快推动移动互联网的发展，健全电信业的普惠性补偿体系，并对国际通信业的进出口进行优化。对信息、信息、计算等基础设施进行整体规划。加快建立国家统一的大数据中心系统，在全国范围内，建立一批全国性的大数据中心，并建立一批全国性的大数据中心，将我国的数据中心建设向高科技、高效率、低排放的“两高一低”发展方向转变。建立一个多层级的计算基础设施系统，促进公众数据共享交换平台和大数据交易中心的建立，提高对人工智能的服务能力。与此同时，还应该积极开发出具有高效率融合的基础设施，加速对车联网基础设施的构建和改造，运用大数据、5G、人工智能等技术，对传统基础设施展开智能化的改造。完成这一重要任务，需要从以下5个方面着手。

1. 加大数字科技研发投入

尤其要加强在基础科学和产业共性技术和“卡脖子”技术上的研究和开发，增加研究开发成本的加计扣除率。同时，也要加强对科学与技术的投入，加大对科学与技术的投入。

2. 加快推动数字技术标准制定

促进政府主管部门，行业协会，龙头企业，高等院校，科研机构之间的紧密协作，加速编制数字经济领域的术语、新技术、新数据格式、工业互联网平台体系结构等相关标准。要在行业内迅速达成一致，做到相容性、连通性。并在今后的发展过程中，积极参加相关的国际技术标准化机构，使中国的技术标准化更多地进入世界水平。

3. 支持科技成果产业转化

通过对技术创新制度的创新，促进技术创新，促进技术创新，促进技术创新；在此基础上，结合国外已有的先进技术，以国家重点项目为先导，为新技术的开发提供先导市场；通过新型基础设施的构建、政府采购等方式，为数字技术的规模化工业化提供市场支撑，加速技术的迭代与成熟。

4. 促进数据开放连接共享

对政府公共数据开放的制度和标准进行探讨，推动企业登记、交通、气象、信用评价等不涉及国家安全的公共数据对企业进行开放，并在各个区域和各个部门之间实现数据共享；促进数据所有权和数据交易等有关规定的出台，并建设数据交易市场，促进数据在公司之间的互联互通和交易共享。

5. 完善数字经济法律体系

学习外国的成功经验，并与我们的现实情况相结合，将促进创新、产业发展和国家安全等问题作为重点，要对数字经济中的关键领域和关键环节进行加速立法，在促进数字经济迅速发展的过程中，还要保护好国家和人民的利益。

（二）构建平台体系

平台体系是数字经济的基本形态，也是数字化的神经中枢。一方面，要规范发展以在线基础设施支持市场交换的交易平台，整合线上线下资源，通过交易平台实现高水平互联互通，放大融通发展效应。从实践来看，交易平台是数字经济最为活跃的部分，也是我国数字经济发展迅速、表现亮眼的方面。另一方面，要重点发展以操作系统或技术标准支持的专业平台，作为推动我国数字经济发展的关键点。例如，构建面向制造业数字化、网络化、智能化需求的工业互联网平台，通过海量数据采集、汇聚、分析，实现精准匹配供给需求、优化资源配置方向。

此外，随着数字经济的深入发展，还会有一些新的平台出现。要适应数字经济发展要求，不断丰富完善发展平台体系，促进平台经济健康发展，推动经济发展质量变革、效率变革、动力变革。

（三）完善数字产业体系

从国际比较来看，数字经济的优势取决于数字核心企业和数字产业集群聚合能力，以及在此基础上形成的数字产业链供应链。因此，依托数字核心企业形成产业关联体系和数字产业集群，是数字经济的主体支撑和活力源泉。当前，我国数字经济发展迅猛，具有一定的速度优势和规模优势，但客观分析，也还存在着核心数字企业不强、数字产业集群优势不明显的短板，这是我国数字经济发展必须实现突破的一个重要方面。

第三节 新时代数字经济制度体系建设的前景

在发展数字经济时，既要注重技术创新，又要注重体制创新。技术和制度是密切相关的，二者既相互促进又相互限制。技术创新既是体制创新的动力，又是体制的支撑。通过体制创新，促进了新型信息技术在我国的广泛使用，同时，也为我国的发展提供了良好的制度环境。技术创新与制度创新在各自发力，推动数字经济发展的时候，在制度体系的运作过程中，将数字技术推广到各个环节，促进数字经济制度体系的流程重构和模式的优化，这将是提升数字政府建设水平、打造数字经济新优势的一个主要动力。

（一）构建数字技术辅助政府决策机制

加快建立国家统一的政府信息系统。提高政府信息系统的基础建设水平，为政府信息系统提供更多的基础设施与服务，形成物理上分散、逻辑上集中、资源上共享、安全可信的政府信息系统。对社会数据资源和政务数据资源进行整合，对国家数据共享交换平台的功能进行升级，构建出一个由政府和社会交互作用的大数据收集形成和共享协同机制，建立统一的国家公共数据开放平台和开放港口，依法有序地、分类地对公众进行开放，推动对公众数据资源进行集中统一的存储、采集和管理。对各部门统计的信息进行了充分的交流，建立了一个统一的信息交流平台，对统计工作的效率、能力和生产力进行了全方位的提高，对数据的品质和服务进行不断地提高。

（二）完善多元共治的规制系统

使用数据思维，将人工智能、区块链等技术引入其中，确保数据治理规制体系能够达到智能化的大数据规制效果。运用一体化、多层次的调控方法，对经营者、消费者和监管者三方进行渗透调控。继续推进政府数据整合与共享平台的构建，促进跨部门、跨层级、跨区域的数据汇聚与深层次应用，促进从原本规范客体的“孤岛”向互动与共享转变。促进以数字技术为依托的监管行为与数字经济互联互动，实现共享共赢。谨慎地引进预防性监管和不确定的监管，以达到制度监管和效率监管的目的。探讨与数字产品、服务、技术、模式发展趋势相适应的规则，要处理好技术监管与技术监管的关系，运用大数据、人工智能等技术方法，构建起一套能够及时反应的监管反馈机制。

（三）健全基于大数据的社会信用信息体系

健全全方位的信用体系。要大力发展诚信中介机构，加强诚信中介机构的权威、科学性和可信性。在此基础上，构建多个平台之间的“守信”和“失信”的协同约束机制，并促进与之配套的社会诚信体系的完善，从而提升个人的诚信成本。构建基于诚信的数字经济市场监督体系，实行行业准入负面清单制度，共同推动业态的健康发展。

（四）建立国家数据局

2023 年，中共中央、国务院印发了《党和国家机构改革方案》，建议建立国家数据局，专门负责协调推进数据基础制度建设，对数据资源的整合共享和开发利用进行统筹。通过对“数字中国”“数字经济”“数字社会”三大功能的统筹规划与建设，开启了我国“数字经济”与“数字经济”发展的新时代，从而开启了“数字经济”与“数字社会”的新时代。

国家数据局是中央面对数据发展新形势所作出的顶层设计，有助于从两个维度上建立和强化数据统筹协调机制，破解当前数据治理和产业发展中的种种难题。

一是在横向上，依托国家发展改革委的综合协调职能，建立起涵盖数据基础制度、数据共享与开发以及经济社会应用的全链条管理机制，实现从多头管理到核心引领的转变。

二是在纵向上，目前不少地方都成立了数据管理机构，但在机构性质、管理范围、部门隶属等方面各不相同，国家数据局的成立将为各地方建立健全数据管理部门提供参照，形成从中央到地方上下一致的数据管理体制。同时，当前困扰数据资源整合共享和开发利用的一大瓶颈是部门条线分割，而许多重要数据资源的最终管理权限是在国家层面，如金融、电力、海关甚至包括部分医疗健康数据等，要推动这些数据资源的整合、共享和开放，地方政府常常无能为力。国家数据局的成立，从源头上解决了许多重要数据资源管理分散化的问题，有助于实现更大范围内的数据聚集、整合、共享与利用。

第四节　新时代数字经济发展的实践——以贵州省为例

一、强定力：锚定战略定位抢新机

努力探寻一条“抓住时代大势，顺应发展规律，体现贵州特色，服务于国家大局”的“五彩缤纷贵州”现代化道路，贵州要成为中国式现代化的“后发追赶者”“西部落后区域”中国式现代化的“示范者”和“探索者”，必须回答这个问题。

习近平总书记曾发表过一篇有关发展数字经济的文章名为《不断做强做优做大国数字经济》，为贵州的大数据建设提供了坚实的基础。

（一）持续巩固大数据先行优势

根据习近平总书记对贵州工作作出的重要指示，贵州紧锣密鼓，奋发图强，坚守初心，追逐着大数据的蓝海。

省十二届党代会上，已清楚地指出要落实大数据、大扶贫、大生态三大战略行动，我们要坚持将“大数据”的战略举措推向深入。贵州的先进性，创建国家第一个大数据综合实验区，我国第一部大数据地方法律法规的制定，为我国大数据的制度和制度建设提供了新的思路。

在十三次党代会上，关于大力实施乡村振兴、大数据、大生态三大战略，制定了国家第一个省级层次的数字经济发展计划，加速了数字产业的聚集，牢牢抓住了算力、数据驱动和产业驱动三个关键点，抓住机遇，寻求突破。

中国大数据产业展在贵阳举行，成为世界第一场大数据行业展会，这将是贵州在“新常态”下的重要战略资源，也是贵州利用自身的“主场”优势，吸收国际先进思想和技术，建设大数据发展的“人才”“技术”和“产业”体系的重要支撑。

贵州由“试验区”变为“创新区”，已连续7年实现了我国数字经济增长速度的首位，是全球最大规模的超级数据中心集聚地。中国移动，中国电信，中国联通，华为，腾讯，以及一批国内领先的大数据中心被引入，并形成满帮，朗玛，白山云，易鲸捷等国内领先的大数据公司。

从“借数”开始，到“算”与“数”同时展开，已有八年时间，在全国范围内打造一个世界级的大数据平台，用一个区域的实际行动，展示了“数字中国”的成就。

（二）加速建设数字经济发展创新区

贵州贵安超级计算中心，600多台服务器，全天候运行，以每秒一点三亿亿次的算力高速运转。目前，贵安超算中心已经完成了50多个视频项目的绘制工作，超过了7千万个视频的绘制工作。

2021年，我国率先启动了“东数西算”计划，贵州作为8个统一的算力中心城市，并在此基础上形成一批具有自主知识产权的新型计算资源。“东数西算”是一项极具战略性、引领性和创新性的重大课题，这对于加速我国数字化基础设施建设，落实“碳达峰”和“碳中和”要求，统筹东西部地区经济社会发展具有重要而又深刻的现实意义。

在“东数西算”项目的推动下，贵州继续加大对计算资源的统筹调度与共享力度，打通跨行业、跨区域、跨层次的计算网络，把数字经济建设作为推进我国高质量发展的主要动力。

在《国务院关于支持贵州在新时代西部大开发上闯新路的意见》(国发〔2022〕2号）中，明确了“数字经济发展创新区”的战略定位，加快推进“数字经济”发展，加快推进“数字中国”发展，积极推进“数字经济”发展。

坚持自己的战略位置，抓住新机遇，让数字经济既是经济发展的新动力，也是创新创业的主战场。贵州正努力走出一条在“西进”与“东进”“曲道取直”“后发赶超”的新路子。

二、强算力：深耕数据蓝海抢新机

网易在贵安的第一个数据中心正在建设中。建成后，它将承担元宇宙，云音乐，有道等网易公司的主要经营任务，并将为国内超过十亿的网民提供一个稳定而又可靠的网络环境。贵州正加速推进新基建，在“东数西算”的基础上，发挥海量数据、高质量算力、丰富绿色能源等方面的突出优点。

（一）夯实算力底座

在一年之内，实现了从数据受益方到数据服务提供者的转型。这就是在贵州天成信息技术有限责任公司，在软件业深耕十余载的历史。

计算能力的基础设施是贵州的重点，它的目的就是要建立在计算能力的之上。加速推动我国（贵州）综合算力网核心区域的构建。

自 2022 年 2 月份起，全国算力总枢纽贵州将增加一个省级及以下规模的建行、数据中心、美的云、国电投、南网能源等，为历年库存的一点五倍。

贵州在“东数西算”的带动下，加速推进数据中心、算力网和 5G 网络等新型数字技术的建设。到现在为止，全省已经有 37 个已经投运及正在建设的重点数据中心，其中有 14 个是超大型数据中心。贵州已经成为世界上聚集超大资料中心最多的区域。

（二）弄潮算力蓝海

中国气象部门发布的《2023 年气象信息化工作要点》明晰本年度将对有关天气信息的所有权问题进行探讨，并在贵州进行天气信息的流动和交换试验。

中国电信贵州云计算园区在“东数西算”的带动下，也取得了长足的进步。贵州资讯科技园区的负责人给大家介绍道：“多亏了这条‘高速路网’，从贵州信息产业园到北京 CBD，两千二百多公里的路程，高铁只需十多个小时，而在这段路程中，计算能力的传递仅需不到 20 毫秒”。

没有健全的产业链，算力行业是很难繁荣发展的。由贵州云上鲲鹏技术有限公司研发的贵州制造“兆瀚”服务器，就是贵州综合算力基础设施建设工程中的一款关键设备。

按照计划，接下来贵州将继续推进数字基础建设，加速“数据入黔”“算力出黔”的步伐。努力建设全国“东数西算”的南线骨干网络。争取在2025年之前，让全省的数据中心达到80万家，让服务器达到400万台。算力总量增加到10个Eflops（百万亿次／秒）。实现云计算行业的发展目标，实现云计算行业的发展超过700亿元。

三、强赋能：推进“数实相融”抢新机

在建设现代经济体制的过程中，数字经济是一个巨大的发动机。掌握了数字经济创新性高、渗透性强、覆盖性广的特点，贵州大力推进大数据与实体经济的深度融合，大数据的繁荣与繁荣，为大数字的繁荣注入新的活力。

（一）加速“融”，贵州迈实一步

贵州发布了《支持工业领域数字化转型的若干政策措施》，鼓励了企业进行数字化改革，为实现“数字经济”向“制造”转化创造了良好条件。以磷化新能源为典型的一批企业，将其在工业互联网上聚集起来的大量数据，以其强大的计算能力构建“工业大脑”，指导生产，实现了制造业的持续演化。一大批示范性的公司，如航天电器，中伟新材料，吉利贵阳制造基地，都在积极开展。重新构建数字化的军队，通过建立供给与需求之间的信息流动，建立新的企业竞争力。

通过数字化，实现定制化、个性化、精细化的生产与服务，一大群传统的制造企业重获新生。奇瑞万达贵州汽车集团有限公司借助工业互联网和工业机器人技术，提高了其流水线的生产灵活性，并带来了一批个性化的生产订单。以砼智造为核心，贵州兴达兴建筑材料有限责任公司为基础，开展了典型应用场景的创新，与六十多个公司签署了战略合作，从“卖产品”变成“卖服务”，从一名普通的水泥加工厂，变成一名为“数字工厂”的数字化运营服务商。一群制造企业借助平台整合的优势，实现了技术融合，实现了技术共享。

（二）坚持“融”，贵州走深一步

为国家的发展提供有力的支撑，为“两化融合”的发展提供了一条崭新的思

路，促进对实体经济的数字赋能，贵州制定出第一份《大数据与实体经济深度融合评估体系》。

在“万企融合”五年计划中，从2018年开始，今年三月份，《贵州省“万企融合”大赋能行动工作方案》发布后，进一步推动数字与现实的深度融合。

这本提高了全省工业数字改造的指导手册，将促进全面铺开，重点突破的发展模式，加速贵州特色和优势产业充分发挥其生产要素的作用。

传统公司与时俱进，持续更新；扎根于数字化时代的新兴工业，焕发出勃勃生机。融合“实”，贵州的“精雕细琢”“标兵引领”“试验示范”“智慧型”产业集群联动发展。

四、强产业：发力创新赛道抢新机

以5G、感知互动、VR等数字技术的创新能力为基础，4月23日，贵阳市新华文渊商场贵州第一个读书元宇宙。

元宇宙阅读是一种新型的阅读方式，它不仅将静态的图片、沉浸式的视频、文字变成动态的，而且读者还可以和出版物当中的恐龙、海洋生物等互动，内容显得更生动有趣。

数字经济是传统工业转型的主要驱动力量，正在形成新的产业、新的业态、新的发展模式、新的赛道。

对新型的数字行业进行培养，贵州要强调“赛道”的理念，在人工智能，元宇宙，区块链，5G，云计算，信息安全，北斗应用，数据交易等方面进行重点发展。大力开展大数据新技术“双千倍增”工程，突破“无人区”，抢占先机，努力在新的发展轨道上加速奔跑。

在贵州省2023年首次进入的科技型中小企业的名单中，按照经营范围划分，有200多个被选中的公司以网络数据和软件技术为核心，除此之外，还有智慧交通、医疗、元宇宙、数据加工、教育等领域，这些领域主要以提供知识密集型的技术服务和互联网数据服务为主。

贵州今年将抓住“新赛道”的发展契机，大力开展大数据新产业“双千倍增”行动，推动区块链、北斗、元宇宙等新兴产业的创新和发展，努力培养新的经济增长点，努力保证华为云的增长速度保持在20%以上，全省软件业增速超过 18%，力争达到 20%。从创建第一个国家大数据综合试验区，到创建数字经济发展创新区，这三个指数在创新动力、数字产业和数字治理方面都得到了一定的发展。

（一）创新动力澎湃

2022 年，贵州有效专利 125971 件，同比增长 6.4%。在这些行业中，先进装备制造产业、信息传输、软件和信息技术服务业、大数据电子信息产业在这些行业中的比重位居前列，数字技术储备和创新能力得到了显著提高。

扩大大数据在政用、民用、商用方面的广度与深度，推动关键行业的数字工业发展，率先建设绿色数据中心，建设数字政府，推动数据流通和交易。

（二）数字产业活跃

贵州不但是国内最早建立了数据统一交换、管理、共享的云服务平台，对政府的公开也是一个切入点，可以在一定程度上产生更大的商业价值。

我国第一次在贵阳大数据交易中心开展的个人数据合规流动交易，是推动个人数据合规使用、规范交易和合法获利的一项创新性工作，为数据交易提供了一种崭新的业务方式。

贵阳大数据交易所在今年发布了国内第一个交易奖励方案，并启动了国内第一个计算能力区域。交易量由年初的三点六亿元增长到现在的十亿元，用户的交易活跃度显著提高。[①]

（三）数字治理提升

目前，贵州省数据共享交换平台上架目录超过 3.81 万个。人口法人、电子证照等基础库、主题库汇聚了超过 9.38 亿条实现“上联全国，横联部厅，下通市州”[②]。在我国，公共信息收集水平处于世界前列，政务信息公开被列入国家 5 个 A 级区域。提高数字治理能力，是实现数字经济可持续、规范发展的根本保证。

---

① 当代先锋网．新时代要突出“赛道思维”加“数”前行[EB/OL]．(2023-05-27) [2023-05-30].http://www.ddcpc.cn/detail/d_jingji/11515116164735.html.

② 天眼新闻．数据汇聚、数据打通、高效利用——贵州数字政府建设水平居全国前列[EB/OL]．(2023-04-28) [2023-05-21].https://baijiahao.baidu.com/s?id=1764389785512978882&wfr=spider&for=pc.

第五章　新时代数字经济促进高质量发展路径

本书第五章主要分析数字经济在新时代高质量发展的有效路径。主要包含四个方面，分别是新时代数字经济促进高质量发展的意义和影响、新时代数字经济促进高质量发展的路径选择、新时代数字经济促进高质量发展的宏观导向、新时代数字经济促进高质量发展的微观导向。

第一节　新时代数字经济促进高质量发展的意义和影响

党的二十大报告明确指出，“坚持把发展经济的着力点放在实体经济上，推进新型工业化，加快建设制造强国、质量强国、航天强国、交通强国、网络强国、数字中国”，并提出“加快发展数字经济，促进数字经济和实体经济深度融合，打造具有国际竞争力的数字产业集群”[①] 加快数字经济的推进和发展，是我国把握战略发展机遇、创新完善发展理念的重要途径，也是构建全新发展格局的有效保障。必须加强对数字经济实质和内涵的了解，充分意识到其有效发展的重要性，加强对其核心特征的了解和把握，深耕重点领域，按照整体布局和规划，不断提升数字经济发展水平。

一、新时代数字经济促进高质量发展的重要意义

数字经济为全国构建新的经济发展格局奠定了良好基础，在组织能力、技术路线等方面提供了强有力的支撑，推动数字经济的高质量发展是在经济领域实现现代化的重要体现。

① 新华社．习近平：高举中国特色社会主义伟大旗帜为全面建设社会主义现代化国家而团结奋斗——在中国共产党第二十次全国代表大会上的报告[EB/OL]. (2022-10-25) [2023-01-10].https://www.gov.cn/xinwen/2022-10/25/content_5721685.htm.

（一）有利于推动构建新发展格局

近年来，我国积极构建国内大循环为重要主体、国内国际双循环相互促进的经济新发展格局，有效畅通消费、流通、分配、生产等环节，想实现这一目标，就要充分发挥数字经济的作用和价值。在消费层面，消费互联网正不断朝产业互联网方面发展和渗透，各行业产业互联网平台加强对数据挖掘和利用，向生产端导入消费端数据，有效促进了生产效率，推动了要素流通。在流通层面，数字经济有效优化和改进了产业间、部门间之间的互动和流通方式，联系效率大大提升。在生产领域，各企业、部门在统筹推进数字经济的大形势下，部分制造业为主营业务的企业，也顺应发展潮流，转向数字服务，物联网、人工智能等新技术也取得了长远发展；在这一经济发展形式下，生产组织模式被重构，在平台系统内，各企业竞争、共生，逐渐构建稳定的生态系统，加深融合程度、拓宽融合范围。由此可见，数字经济的有效发展提升了发展在一定程度上格局的可靠性和自身所具备的内生动力，也是构建新发现格局的重要要求。

（二）有利于推动现代产业体系建设

现代产业体系对生产方式有更高要求，要绿色化、智能化、高端化，对生产技术也有更高要求，要能充分借助现代化技术做到赋能，数字经济是未来的重要发展趋势，也是现代产业体系的有效构成，更是供给侧结构性改革的有效推动力和重要因素。传统企业中积极应用数字技术，能够推动产品创新，实现需求创新，优化供给结构；数字经济能有效推动新模式、新业态、新产业、新技术等的发展，更好满足国内需求，也推动出口发展，开拓新渠道，实现新规模；数字经济还能有效改变营商环境，推动产业发展，提高运行效率。数字经济本身所具有的广覆盖性、强渗透性、高创新性也使得社会经济的各个层面、环节有效融合，使有机整体更加完备，也增强了供应链、产业链之间的紧密联系，围绕供应链、产业链推动资金链、人才链、创新链的发展，使信息业、工业、知识业、农业等紧密融合，形成有效整体，推动现代化产业体系的进一步构建和发展。

（三）有利于推动构筑国家竞争新优势

面对前所未有的变局，我国必须充分把握局势，明确在新阶段，把握经济领域的竞争优势是国家竞争中的关键，要能充分掌握经济发展趋势，能提升本国在竞争中无法替代的绝对特点和优势，要能将供应链、产业链中的关键进行充分把握，只有把握好产业和科技革命中的机遇，才能进一步把握数字经济和技术的机遇，进而在国家博弈中占据优势，提高竞争力。各国围绕数字经济，出台了一系列规划、部署、战略，德国的“工业 4.0”计划、美国的“先进制造业国家战略计划”等。中国也出台了一系列措施，全面部署和实施《中国制造 2025》，加强对相关政策体系的建立健全，加强对支持领域的拓宽优化支持层次，国家和社会也普遍认可把握好数字经济是我国在经济领域和层面弯道超车的重要途径和方式。加强数字经济和数字技术的重视和高质量发展，在未来世界竞争中占据优势，提高竞争力，构筑竞争优势的核心地位。

二、新时代数字经济促进高质量发展的影响

中国经济正由高速增长转变为高质量增长，同时，人口结构持续变化，劳动力红利逐渐失去，资本边际收益持续减少，资本积累速度有所下降，以资本和劳动力拉动经济的发展模式已不能满足实际国情需要，也很难满足产业结构调整的实际需求，想要推动中国经济的高质量发展，必然需要挖掘新生产要素。新古典经济学等理论研究表明，实现中国经济的飞速发展和增长，关键是进行有效的技术创新。国内外的多项研究表明，数字要素是一种全新的生产要素，是推动经济增长的因素。相关实践也充分表明，以 5G、物联网、大数据、人工智能等为代表的数字经济将逐渐成为推动经济的有效途径和力量，不光是作为一种新产业发挥价值和作用，也对传统产业的发展有一定的影响，传统产业在其影响下逐渐朝智能化、网络化和数字化的方向发展。数字经济的持续发展，已经对经济增长形态产生非常重要的影响，数据要素也逐渐成为全新、最重要的生产要素。

数字经济对于经济增长的推动作用方面的研究还有所不足，数字经济包含计算机网络存在和运行所需的数字基础设施、通过该系统发生的数字经济用户创造和访问的内容、数字交易等，当前更多研究都着眼于数字经济所需的基础设施的软件服务、信息设备等对经济增长方面的促进作用。美国等发达国家之所以能在 1990—2000 年期间内获得经济的高速增长最为重要的是广泛应用了信息通信技术，有学者曾对这一因素的贡献率进行研究，结果表明贡献率非常可观。除信息技术产业和投资对经济的推动和影响外，信息产品也有效提高了生产率，移动、

电信等也有效提高了生产率。信息技术还有效推动了省域经济的有效发展和持续增长，省域间经济增长的空间溢出效应非常明显，但信息技术的空间溢出对实际经济的发展影响力还不够明显。软件和信息技术服务能够有效推动经济发展，同时也与经济增长的相关性有较为明显的区间效应。

互联网与电子商务是除信息技术外，呈现数字经济的有效途径和重要内容，电子商务在推动经济发展、实现产业升级、获得有效创新等方面的作用已备受关注。特别是电子商务的进一步发展和普及，获得了更多研究者们的关注。他们开始分析和探讨电子商务是否能够推动经济增长及可能带来的影响，但最终结论确实比较矛盾。中国电子商务行业的发展成果非常傲人，能也有效改变了消费品部门，有效助力了经济的腾飞。在一定程度上，电子商务有效地推动企业发展。实现价值链上游的跨越，尤其是部分大型企业或著名品牌，电子商务层面已逐步达到了终端市场多元化的目标，而对于中小型企业，电子商务的有效发展也在一定程度上实现了终端市场和功能的升级。在平台公司创造的“双边市场”中，“以电子商务为重点的服装公司”是新市场的供应方，而“参与的消费者”则是需求方。

对于数字经济与经济高质量发展方面的研究，已有的研究对数字经济的经济增长效应进行了分析。有学者分别从通用技术性、范围经济性、平台生态性、融合创新性提炼等方面总结数字经济的四个基本内涵，并从经济运行系统、经济效率、经济创新力等维度分析数字经济对中国经济增长的冲击，从超大规模经济体、供给侧结构性改革、消费升级、新基建等方面分析了中国经济增长对数字经济发展的影响。

从以上研究可以看出，数字经济对于经济增长的作用可以通过电子商务和信息产业基础设施来有效呈现，但印证数字经济所具有的实现经济高质量、高速增长的证据还不够直接、充足。目前提升经济增长数量这一结论还没有达成共识，更不必说在经济增长质量层面所具有的影响。首先，需要对数字经济规模进行概念确定和界定，避免统计方法相对比较不科学、数据滞后性较强、界定模糊等情况发生。其次，需要加强对经济增长中数字经济影响内在机制的分析和研究。本文主要研究数字经济驱动经济高质量发展的机理，从要素配置和战略选择方面研究数字经济促进中国经济高质量的过程。

（一）促进要素配置变革的演化

按照不同的性质分类，生产要素可以分为传统生产要素和现代生产要素，也可以分为初级要素和高级要素。一般来说，传统生产要素如简单劳动力、土地、资本等，现代生产要素主要是技术。而初级要素包含资本、土地、劳动力、自然资源等，高级要素则是指技术、信息、知识等。前者的特性是边际收益递减，后者的特性边际收益递增。经济环境的不断发展及技术的变迁，使得生产要素也随着实际情况而发生变化，数据要素的重要性不断凸显。数据要素的规模经济效应非常显著，且不具备边际报酬递减规模，随着规模的不断增大，效应也随之增大。

数字经济需要充分依托网络，快速集聚资本、劳动力等初级生产要素，能够实现资本和劳动力等要素的有效配置。数字经济还可以使得部分劳动力进行转换，有些技术知识有限、闲置的劳动力可以借此成为更有效、更复杂的劳动力，从而有效提高资本对知识和劳动力方面的重要影响，实现资源配置高效化。从整体而言，高级生产要素能对低级生产要素进行较大程度的渗透，低级要素也能在其影响下进行转化升级。因此，新兴和传统要素之间存在较大的关联性，新兴要素需要充分依托传统要素更好发挥自身的作用和价值，而传统要素也需要成为承载新兴要素的有效载体，虽然传统要素本身具有其价值和优势，但需要在新兴要素的溢出效应下才能够发挥更强有力的作用和价值。

按照各要素在整体结构中所占主体的差异，可以将经济发展模式分为数据驱动、技术创新驱动、资本驱动、劳动力驱动的发展模式。劳动力驱动发展模式主要是依托于当地的劳动力资源禀赋，价格低廉、数量较大的劳动力是推动生产发展的主要要素。在人口结构上的表现形式为低于 60 岁以下的就业人口占有非常大的比重，并且未成年人也有较高的比例。总体上适龄范围内的具有劳动能力的人口规模占比较大，在生产中一般降低资本投入比重，通过劳动力来进行替代的模式。中国在过去一段时间经济的高速发展，成为有名的“世界工厂”，正是因为中国具有非常丰富的劳动力，继加入 WTO 及实施改革开放的政策后，依托于丰富的劳动力，积极吸引国外投资，借助东风，加强加工贸易的发展，在劳动密集型的产品市场上有较强竞争力，市场占比较大。1990 年以来，我国第二产业发展迅速，占比达 45%，所拉动的就业非常可观，占 40% 左右。来自农村的丰富劳动力也为建筑业和制造业的飞速发展提供了强有力的支撑。但是，随着中国工业化的加深，农村富余劳动力在逐渐减少，“刘易斯拐点”出现，社会整体工资不断提升，“巴拉萨—萨缪尔森效应”正不断发挥作用，效果不断凸显。生产函数中具有的资本驱动模式，资本的比重较大。通常资本驱动模式是指交通运输设备、仓库、机器等物质资本。在实施改革开放政策之前，中国市场内资本不断提升，存在发展中国家普遍的“双缺口”，通过改革开放，外资的大量涌入，中国国内储蓄的不断扩大，工业化投资水平得到了一定的提升。中国的产能不仅满足国内需求，而且可以大量出口。目前中国制造业出口占世界市场的比重超过 13%。通过工业化的加深，中国积累的大量的资本，一方面出口获得的盈余投资于美国国债市场等，另一方面由原来的资本流入国转变为资本输出国。中国在全球外国直接投资中的影响力不断扩大，流量占全球比重连续 4 年超过一成。从国内资本投资来看，投资结构性问题还比较突出，政府投资占比较高、领域过宽，企业和社会投资还面临一些障碍与约束，投资的边际报酬逐渐下降。

随着资本红利和人口红利对经济发展的支持优势不断减少，投资和要素驱动经济发展的道路逐渐让位于创新驱动的发展模式。创新驱动就是创新成为引领发展的第一动力，创新包含商业模式、管理、制度、科技、文化和业态创新等方面，经济发展模式也发生相应转变，驱动要素逐渐由传统要素转变为创新，创新的重要性被各国所重视，成为诸多国家提高竞争力的必然选择和核心战略。人力资本是创新驱动中最为重要也是最为核心的要素，和劳动力要素不同，人力资本更多是指具有较强技能水平的专业技术人才和工人，需要经过较长时间的教育培训。推动发展方式朝着提升技术水平、提升知识储备、提高劳动力整体水平和素质进行转变，从而推动分工的进一步优化和精细，推动经济形态的优化和高级，推动结构的优化和合理。创新驱动发展的有效措施，一是加强经济社会和科技创新的有效融合和发展。二是不断提升自主创新意识和能力。要不断提高国家和企业的创新水平，能够掌握关键核心技术，把握主动权。三是要不断优化人才发展机制。四是要优化政策环境。五是要加强开放合作，特别是科技层面，提高合作水平。

要素驱动也是创新驱动的一种形式，只不过是要素形式的具体化。对于创新来说，包括的范围比较广，没有具体的载体。随着经济不断向数字化转变，数据作为经济发展的核心要素，成为驱动经济增长的核心力量。根据第二章的分析，数据具有规模报酬递增等特征，对经济发展的影响不同于传统的劳动力和资本等要素。数据驱动型经济的典型特征是，数字化市场如同生态系统，内含各种参与者，在系统运行中可能会存在一些机遇，也会有资本和知识的积累，能够有效推动创新和研究的进行。繁荣的数据驱动型经济将包含以下特点，有利的基础设施和可互操作、可靠、优质的数据集。具备通信、计算、执行、传感功能的信息通信系统嵌入物理对象，借助互联网实现互通互联，从而更好为企业和个人提供有效的创新服务和应用。公共机构应当承担起新数字产品和数据服务的中间人和“初始顾客”的角色和作用。

（二）促进产业结构升级的演变

按照高级要素和初级要素在要素配置结构中占比的差异，可以将数字驱动经济发展划分为数字经济基础发展阶段、数字驱动劳动资本的融合阶段和经济完全数字化阶段三类。

数字经济基础发展阶段主要是指数字经济所囊括的部门开始逐渐萌芽并兴起，成为继传统产业外的又一重要组成，在国民经济中地位不断提升，优势逐渐明显。首先，数字经济基础产业作为国民经济的重要内容和有效组成部分，优化了产业结构，逐渐改变传统模式下的技术、资本、劳动密集型特点，慢慢转变新形势下的数字密集型。其次，数字经济还不断加深与其他产业的合作和融合，有效推动传统产业的转型升级。因此，数字经济具有两个板块，分别是拓展板块和核心板块，拓展板块主要是体现信息和通信产业和技术在经济社会层面所具有的溢出效应，核心板块也是指信息与通信技术产业自身。核心内容层面，信息与通信技术产业是通信技术产业和信息技术产业的统称，传统模式下该产业包含控制技术、通信技术、计算机与智能技术、传感技术等，最新的虚拟现实、移动互联网、云计算、人工智能、大数据等，尤其是5G的应用，使得这一产业具有更多元、更重要的意义，具有投资风险相对较高、适用性相对较广、知识密集性相对较高、网络效应显著的特点，在当前的发展环境和形势下。该产业已经成为世界各国关注的重点、抢夺的关键点，也正逐渐成为数字经济的主导产业。且该产业还有国际性的重要特点，其专利技术等的开发应用需要多个国家共同合作。该产业的基础设施互联网具有国际性的属性，且技术标准也是能够在世界各国应用的，具有国际通行性。

各国都加强配套政策支持，推动信息与通信技术基础产业的发展。我国重视程度不断加深，将其视作支柱产业、先导产业、基础产业来重点培养和发展，出台了配套的政策文件，包含人工智能、信息消费、工业互联网、网络强国等国家级别的战略政策。因为数据是数字经济的重要关键要素，且各地区、各行各业都有涉及，因此，依据传统统计方式很难进行有效测定，目前采用的宏观统计没有办法对数字和数字化提升的活动及产品增加值进行有效捕捉。分析经济增长要素可以发现，资本和劳动力在经济增长中的贡献率不断下降，数字要素驱动劳动和资本的阶段是数字驱动融合阶段。在该阶段，数字要素的贡献方式在不断发展和变革，有效重塑了全球商业发展模式，驱动技术、劳动力、资本等的合作开发、整合集约、网络共享、高效利用等。数字技术的有效推进和发展能够推动制造业的持续高效发展。数字经济具备较强的渗透性，能对传统产业产生利好性影响，推动经济发展。数字经济环境下，企业生产成本具有较强的特点性，边际成本较高，固定成本较高。在起始阶段，边际成本呈现下降趋势，当规模达到一定程度时，边际成本却会呈现上升态势，但于数字经济而言，边际成本与规模呈负相关，随规模的不断增多而逐渐减少，甚至最终降为零，由于正反馈效应的存在，是“强者恒强，弱者恒弱”的马太效应。数字经济不只是属于规模经济，也属于范围经济，在两个及以上的产品上开展生产活动，不会过多增加产品成本，总成本要低于分别生产的成本和。总而言之，数字要素驱动的数字经济既属于扩展范围经济，又属于规模经济，具备两种经济形态的优势。当前市场中的数字经济方面的企业往往都基于当前已发展的客户，拓展多业务经营，提供多元性产品，原有的客户资源已经有良好稳定的合作模式和经验，能更容易地传播新业务，也更能被用户所理解和接受。范围经济和规模经济对种类、产量和平均成本的关系进行对应描述，随着种类的进一步多元化使得业务种类不断丰富，更好提供多元化产品，满足多元需求，推进市场繁荣，随着产量的增大，使得企业规模不断扩大，提高企业竞争力，范围经济和规模经济及其长尾效应共同构成了经济环境，推动了数字经济的进一步发展。

经济完全数字化阶段。随着智能设备和技术的发展变革，以大数据、云计算、物联网为重要基础和方法支撑的工业互联网得到了一定的发展，在一定程度上推动了制造业产业链环节的相互协调和配合，构建了数据变现的全新发展模式，有效推动产业结构变革，推动其转型升级，也有效提升了资源利用效率。同时，数字经济发展实质是提高知识要素和信息要素的流转速度，从而更科学地细化地域空间分工，提升不同区域间的交易效率，更好优化分工结构，推进转型升级。此外，加强数字经济的开展，还能有效提升客户和企业之间的沟通和合作，提高交易深度和交易效率，优化供需结构，从而从微观层面更好地推动经济结构转型升级的进程。因此，数字经济能够有效提升经济的高质量发展，实现动力变革，效率变革和质量变革，也是未来很长一段时间内，竞争抢夺的重要内容，更是推动经济转型、结构升级、促进实体经济发展的重要动力因素。

（三）促进经济增长质量的演变

经济增长的来源往往是依赖提升要素效率和增加要素投入，传统经济增长模型如索洛增长模型展开研究，在该模型中推动经济增长的有效方式有以下三种。一是调整要素投入总量和各要素的比例，包含资本、劳动力等，通过优化要素配置和增加整体投入，或调整资本和劳动数量，或调整资本和劳动的比重，推动经济的进一步发展。这种方法是指传统经济的增长模式，往往是大部分国家在实施工业化的过程中必然会出现的，哪怕是数字经济模式下，也不可避免地会出现既包含增加数字要素投入，也包含增加投入质量。在各部门对生产资料进行质量分配和调整，以此来确保要素投入的持续性和充足性。将生产点无限地贴近生产可能性曲线，即在既定的条件下达到产出最大化。二是优化资源配置，改变配置模式，增加新变量或者改变生产函数形式。在经济增长模型中代入数字要素，能够使生产要素种类增多，也可以对原有要素所带来的生产效率进行进一步提升，传统要素中，资本、劳动力、土地、自然资源等要素，在刺激经济、推动经济增长等方面都有所不足，5G、云计算、大数据等技术的发展和不断应用，需要在经济增长模型中不断加入新要素。在数字经济时代，资金、物、人之间的数据传递速度更快，效率更高，参与市场的主客体之间信息的互联互通更便捷，有效提升了信息的高效化。三是对全要素生产率进行优化和改善，也就是在资本要素和劳动力要素之外，将其他要素都按照罗默增长模型以及格罗斯曼—赫尔普曼模型等加入生产数中，保持技术进步和投入要素的稳定性和固定性，创新优化商业模式对要素投入和技术进步能够产生溢出促进的作用，能够更好地推动经济的高速和高质发展。

这三种方式都会受到数字经济的影响，在其影响下不断强化增长效果，第一种方式能够使生产不断贴近生产数，后两种方式则能将生产可能性曲线进行不断外移。强化作用主要表现在两方面。一方面，增长路径中以要素增长为主的路径而言，数据作为生产要素之一，也能有效推动经济增长，数字经济规模在一定程度上能够影响经济增长量，且产业结构优化和调整的影响下，服务业、工业、农业外，数字经济是非常重要的经济成分，也是备受关注的发展方向。所以，数字要素增量在一定程度上能够推动经济增长质量和数量。另一方面，数字经济能够促进传统经济的融合发展，促进传统经济的高质发展，进而推动经济的整体质量和数量提升。

数字经济的发展，能够有效提升经济质量和规模，使经济发展更加均衡，体现在区域和产业的均衡。产业层面的均衡，互联网和数字经济的持续发展能够有效推动部门间生产要素的优化配置，使夕阳行业重新迸发出活力，数字技术能使传统产业的生产质量、数量和效率得到充分有效提高，其新增产出成为数字经济的有效组成。在智能主导、平台支撑、服务增值、软件定义、制造业行业等方面，数字孪生技术对新制造进行重新定义。在区域均衡层面，数字经济中包含区块链等去中心化，使得生产更高效高质，不再单纯是流水线和单一规模化，而是更充分地考量消费者和市场的需求。数字经济在消费产业链的各环节不断渗透并广泛应用，从而有效提高消费的针对性和个性化，更好地贴合消费者的实际需求，以消费者满意作为目标反推到服务和产品生产层面，消费结构方面也更加注重发展和享受型，更加在意客户体验感，更加注重满足用户的品质化、个性化需求，不断拓宽消费渠道，线上线下相互配合，转变消费观念，更侧重于便捷高效、绿色健康。这都在一定程度上促使企业积极转变生产过程，其中数字孪生是非常具有代表性和重要性的方向。它是指通过数字化方式对物理对象进行拷贝，对其在实际场景中的具体行为进行模拟，对生产过程甚至工厂都开展虚拟仿真，进而有效提高研发效率和生产效率。数字孪生技术与以往的产品设计技术和方式不同，它是在虚拟三维空间对产品进行打造，可以较为容易地对产品尺寸、部件尺寸、装配关系等进行修改和调整，从而有效简化几何结构、流程可操作性、装配可行性等的验证工作，从而有效减少产品更新换代中物理样机的制造成本、时间和次数。

整体来看，数字要素及其下的其他要素的自由流动，能够有效提高经济的高质量发展，提高要素匹配效率，加强资源配置的优化，从而使曲线外移或无限贴近生产可能性曲线，从而提高经济发展质量和数量。

第二节 新时代数字经济促进高质量发展的路径选择

一、完善数字经济制度的顶层设计

（一）完善数字经济制度

持续优化发展数字经济的制度环境，同时发挥数字经济制度体系的约束和激励功能。在切实发挥数字经济制度的约束功能方面，一是通过完善市场准入制度和公平竞争制度加强网络空间中的市场体系建设、优化网络市场的营商环境。二是建立健全数据交易管理制度，加强公共数据共享和私人数据保护力度，推进数据开放利用技术和安全标准体系建设，平衡好参与资本的利益分配和私人数据的资产，防止其他企业对数字资产滥用、操控与垄断。三是加快推进数字经济的税收征管制度改革，重新界定数字经济背景下增值税、个人所得税、企业所得税的征税范围；加快税收征管方法创新。在积极响应数字经济制度的激励功能方面，需要通过改革现有收入分配体系保障劳动者的平等收益。激励参与主体的参与积极性，发挥数字经济制度的影响力和激励作用，创设开放制度、创新制度，完善制度保障。

（二）提高政府数字化治理水平

提高政府数字化治理水平需要从两方面着手，一方面师加强数字政府建设。政府部门作为数字经济治理主体，需要抓好“放管服”改革主线，应用 5G、大数据、人工智能等数字技术打破部门界限，推动部门间的高效联动治理，开展面向公众的“远程办公”和“线上服务”，实现数据、决策与服务的有机统一。另一方面是构建智能化、数字化的政务监督系统。将大数据、云计算、人工智能等新一代数字技术应用于社会监督和治理领域，将司法监督、行政监督和新闻媒体监督构成统一的数字化监督系统，为数字经济健康发展提供保障。

（三）提高数字经济协同治理水平

协同治理主体包括政府、企业、公民和社会组织等，不同主体间要加强信息共享、沟通互动和协商治理，通过法律法规、行政授权、自治规章等明确各主体数字经济治理职责。政府既要创造良好的数字经济运行环境，又要在协同治理过程中发挥主导作用，企业要同时履行好监督和自治职责，公民作为主要的消费者，也要积极参与数字经济治理，行业组织要引导企业在市场中的规范发展。通过多主体的协同治理加快数字经济社会效益最大化的实现。

二、加强数字经济发展支撑体系

（一）加强高技能人才培养

为加强高技能人才培养，一方面，以高校为代表的人才培养机构应加强对于数字人才的培养能力。例如，高校应紧跟数字经济发展趋势，开设数字经济相关技术专业，加大数字人才培养力度，注重创新思维和创新实践能力的同步培养，推动产学研融合、校企合作的数字人才培养机制，为技术创新水平提升提供前期人才保障。另一方面，企业要加强员工的数字技能培训和考核，创新企业数字化组织管理模式，建立健全数字型人才培养考核体系，借助培训补贴和职业技能考核等方法，鼓励员工提升数字知识的学习与数字技能的掌握，为数字经济驱动经济高质量发展提供内生动力。

（二）加快新一代数字技术研发

依托数字龙头企业、数字技术专业水平较高的高校和数字技术研发机构联合发力，构建数字经济核心技术的产学研协同攻关体系，加快核心技术研发，注重基础材料、基础软件等基础研究的开展，鼓励技术研发有关标准、代码、平台共享发展，通过形成技术创新生态系统提高技术研发效率，促进“卡脖子”技术难题破解。

三、加快经济结构转型升级

（一）加快消费结构、投资结构、进出口结构优化升级

在消费结构升级方面，一是通过互联网平台实现就业供给和需求匹配，保障

劳动力的就业，以就业带动收入水平提升，从而提升居民的消费能力。二是通过发展电商平台、共享经济等新模式、新业态，拓宽消费者的智能消费渠道。在投资结构升级方面，需要加快数字基础产业、新型基础设施投资，通过投资带动新型基础设施产业发展，但需要避免“投资潮”导致的产能过剩问题。在进出口结构优化方面，企业、市场、政府应共同加快数字化交易环境的构建，通过实时的供给和需求信息获取，提高国内、国际消费需求的供给水平。

（二）加快能源结构优化升级

在能源结构转型方面，一是要加快传统能源供给行业的数字化转型，借助新一代数字技术提高能源利用效率，减少碳排放。二是风能、水能、光能等可再生能源供给主要集中在西部地区，而西部地区电力需求不及东部地区，可以将可再生能源转化为电力资源后输送到电力紧缺的东部沿海地区，实现可再生能源供给和需求的更好匹配。但可再生能源发电稳定性较差，难以支撑电网公司持续、稳定的用电需求，因此，应加快完善供电基础设施建设，增强可再生能源发电厂的电力智能化调控能力，使可再生能源被充分、高效利用。在劳动力结构升级方面，企业可以加强对劳动力的数字化技能培训；高校加大数字经济相关专业建设力度，培养高素质数字化人才；政府加大公共服务供给力度，引导职业分流，促进劳动力合理配置。

（三）加快产业数字化发展

充分发挥数字生产要素的渗透性、扩散性等特点，加快数字技术与传统产业深度融合，实现数字资源市场化和价值化，提高产业的数字化水平。一是加快农业组织化创新，激活农业主体数字化转型活力。建立共享共生、合作共赢的融合生态模式，打破不同农产品间的信息壁垒，实现上下游农产品生产、加工及出售产业链的信息共享，加快农业数字化转型。二是以智能制造为重点，加快制造业数字化升级。将数字技术应用于原料采购、生产加工等环节，加快数据要素向生产力转换，促进制造业生产效率和生产质量提升；加强制造业与上下游产业链及产业内各环节的联系，提高制造企业网络运营、在线服务等新模式应用水平，推动我国制造业在全球产业链中地位的攀升。三是加快服务业数字化转型。积极推动数字技术在研发设计、营销管理、金融支持等生产性服务领域的渗透融合，加快数字旅游、数字体育、数字社区等生活性服务业发展，催生更多新服务业态和服务模式，不断提升数字化对服务业的渗透率。

第三节　新时代数字经济促进高质量发展的宏观导向

经济高质量发展是“十四五”以及未来一段时间内我国在发展过程中最为重要的内容，也是发展重点和核心。对社会主义现代化发展格局有非常重要的影响。想要实现这一目标，需要开拓发展新格局，要着重提高全要素的生产效率，要确保供给体系的质量，要依托实体经济，要加强产业结构优化；要重视基础科学研究，加大科研投入，培育科创意识和能力；要加强资金支持，要建立健全投融资机制；要加强教育方面的投资，加强创新型人才培育。促进经济发展的质量、效率、动力变革，从而有效提高经济发展效率和质量。

一、加强基础科学研究，提高科技创新能力

创新是经济发展的重要动力和源泉。自党的十八大以来，党中央对科技创新工作非常重视，始终将创新位于国家战略发展的核心位置和关键位置。数字经济时代，我国在物理、数学等领域存在的研究短板问题不断突出，在基础科学层面原创能力有限、成果不显等。因此，想要有限推动经济增长、获得更多收益、提高增长质量，就应当加强经济发展方式的转变，加强创新。

（一）完善基础研究布局

健全的教育体系是开展科技创新的前提和基础。中国传统教育模式更加侧重理论教学、知识灌输，而创新能力提升有限。应当着眼于教育，加强对教育体系的构建和优化，加强对物理、数学等学科的重视，予以资源和人力支持，构建科学合理的知识体系，推动基础前沿科学研究的发展，加强对重大科学问题的部署，不断加强国家科技计划基础研究支持体系建设，出台法律法规，保护专利成果，激发科创内在活力和动力，推动大数据、人工智能、互联网等技术的发展和进步，加强配套基础设施建设，提高全要素生产率的整体提升，促进经济增长的收益和质量。

（二）建设高水平研究基地

我国自主创新能力有较大进步，整体发展态势较好，但不可否认，与发达国家还有一定差距。在人才队伍建设方面，虽然整体队伍不断扩大，但高科技创新方面的人才还有所不足。要加强对研究基地的建设，加强创新人才的培育，开发科创基地，充分发挥我国制度的优越性，集中合力，集合资源，为科创能力提升助力，“互联网＋产业”等产业的进程和发展，培育数字经济赋能高质量发展的新动能，更好彰显优势。

（三）加大创新政策支持

自主创新能力的提高与微观经济主体的创新活力之间的联系非常密切，且需要激励制度、奖励机制的有效支持。基础科学研究方面，我国重视程度不断加深，但投入还不够充足，影响我国科技创新的发展进程。科技创新成为经济高质量发展的重要推动力，需要强有力的扶持措施和科学完善的顶层设计，加强经费管理和科研项目研究，加强奖励激励，提高工作人员工作的主动性和积极性。科技的飞速发展能够为经济发展助力，成为强有力的技术保障，以数字经济赋能经济高质量发展计日程功。

二、加大资金支持力度，建立新型投融资机制

经济是肌体，金融是命脉。数字经济不是“虚拟经济”，而是以科技为重要动力和核心的依托传统经济系统实现高效、高质量发展的有效经济形态。所以，金融政策的制定也应当更具有持续性、针对性和有效性，更好推动经济高质量发展。

（一）引导资金向数字经济领域倾斜

虽然数字经济领域所具备的典型特点是低边际成本，但想要投身到这一领域，前期需要大量的资金投入，且资金回收周期相对较长，进而导致部分投资商的参与积极性不高。这就需要政府的引导，通过一系列措施加强资金倾斜，使资金更好涌入数字经济层面。一方面，加强对资金的引导，使其流向“新基建”产业，加强配套基础设施建设，为数字经济发展和国家整体经济的高效、高质发展提供

强有力的基础支撑。另一方面，加强专项资金建设，完善激励制度建设，加强创新成果保护，加强知识产权保护，从而更好提高科技创新的成果转化率。

（二）搭建专业的投融资服务平台

资金是产业销售、流通、经营、生产各个环节正常运转的重要基础和有效前提，是推动数字经济发展的重要力量和动力。数字经济时代，中小企业在发展过程中遇到的融资贵且难的问题始终没有得到有效解决，这在一定程度上会影响经济发展进程，对技术创新也会带来不利影响，影响经济社会的进一步发展。数字经济想要得到有效发展，需要普惠性、包容性的金融政策支持，也需要个性化、高效的金融服务帮助。所以，搭建投融资平台，提供专业化帮助，是实现数字经济价值，推动国家经济高质量发展的重要途径。要推动数字金融、普惠金融的有效发展，建立健全数字化、智能化的投融资机制，使企业能在发展的任何一个阶段都能够得到有效的融资帮助，更好实现产业结构升级，推动科创能力发展，提高产出效率和水平，更好实现经济目标。

（三）推动金融科技创新

金融技术创新是提高金融效率的重要基础和物质保证，也是推动金融创新发展的重要推动力。金融领域所开展的科技创新能够有效提高金融交易效率，也能在一定程度上降低交易成本，有利于对风险进行防范，也能有效提高市场整体的供给能力和水平，加强对投融资机制的优化和健全。人工智能、互联网等科学技术的发展和应用，使新的交易方法得到广泛应用，也有效提升整体的金融效率。因此，加强对金融制度的建立和健全能够为数字经济的发展奠定良好基础，也能发挥数字经济的赋能作用，提高经济整体的高质量发展，要加强金融领域方面的科技创新，以“互联网 + 金融”的方式，更好提升整体的经济发展水平。

三、增加教育投资，培育创新型数字人才

数字经济时代，加强对信息技术的研究重视和不断发展能够为经济高质量发展提供有力保障。经济高质量发展目标是推动我国经济持续健康发展的必然要求，也是推动我国全面建设社会主义现代化国家、全面建成小康社会和适应社会主要

矛盾变化的必然要求。更是贴合经济发展规律的重要选择。想要实现高质量发展，就必然需要发挥创新的驱动作用，想要提高创新能力势必离不开高科技和创新型人才的有效支持。数字经济的发展在一定程度上对新模式、新产业进行了催生，在一定程度上也推动了技术产业和新兴产业的有效发展，更对人才资源提出了相匹配的、更高的要求，因此，想要有效推动产学研的融合发展，加强对教育体系改革的重视，就必然需要合理配置人才资源，为数字经济赋能经济高质量发展提供人力资本支持。

（一）推动教育体系改革

传统的学校教育不利于学生自主创新能力的培养。在数字经济发展的背景下，需要培养具有科技创新能力的数字化人才，加大基础研究支持力度，坚持以高水平的科研培养高质量的人才，重点关注学生的实践能力和素质培养，培育学生的自主创新能力，从而为数字经济的发展提供强有力的人才支持。

（二）产学研合作培养创新人才

要促进高校、科研院所、企业的深度融合，产学研深度融合的机制是实现科研成果转化的重要基础和有效前提。首先，要提供政策支持和保障，要推动产学研一体化发展，要做到统筹规划、整体协调，要推动科研院所、企业和政府之间的有效互动，要紧密围绕上下游企业和科研院所对科学技术的需求，激发高校的科研成果转化。其次，要鼓励科研人员与数字经济产业加强合作，共同助力产业创新，推动产业结构转型升级。

（三）促进人才资源的合理配置

数字经济的发展对新产业、新模式、新业态进行了催生，要加强对发展方向的把握，培养创新型、实践型人才，以适应数字经济发展的人力资本要求，不断优化人才结构，提高人才资源的配置效率。要加强对服务业和制造业发展趋势和整体把握，要加强对高新技术人才的有效培养，要加强对高质量经济的有效推动，助推传统产业调整升级，着力推进传统产业与数字经济的融合进程，优化产业布局，提升产业现代化水平，从而推动经济发展质量与效益的提升。

第四节　新时代数字经济促进高质量发展的微观导向

一、科技创新能力引领数字经济高质量发展

新时期加强创新是推动数字经济发展的有效推动力，也是提升经济高质量发展水平的重要活力源泉。科学技术的发展在一定程度上能够提高资源利用率，加强全要素生产率的有效提高，也是净化环境、治理污染的重要方式之一。新一轮产业革命和科技革命在加速发展，创新也成为推动经济高质量发展的首要动力。在数字经济环境下，想要有效地提高经济高质量发展就必然需要实现动力变革、效率变革、质量变革，而想要实现这三个方面的变革至关重要的一点是要提高创新能力。否则，将在一定程度上影响产业优化，也影响高新技术产业的有效发展，影响现代化经济体系的构建。想要用数字经济来对经济高质量发展进行赋能，就必须要坚定不移地提高创新能力，要加强对信息化产业的扶持和发展，要优化产业链水平，推动传统产业的变革，构建现代化产业体系，积极转变发展理念，提高供给侧结构性改革水平，转变经济发展方式。自主创新意识和能力有所欠缺在一定程度上会影响数字经济的发展步调和水平，也会影响供给侧结构性改革的效率，给经济发展带来不利影响。

二、数字经济与实体经济的融合促进数字经济高质量发展

实体经济和数字经济的有效融合是推动数字经济高质量发展的重要方式，也是影响资源配置的重要因素，更是关系经济发展质量的重要条件。从当前市场的整体发展状况而言，数字经济整体上升态势非常可观，新业态、新技术也在此催化下不断产生和应用。但与实体经济的紧密联系度还有所欠缺，产业所具有的数字化水平还相对有限，没有达到预期标准，在一定程度上会影响数字经济的有效发展，也会影响其对经济高质量发展的推动作用。实体经济应当朝智能化、网络化、数字化方向发展，若不能与数字经济进行巧妙融合，可能会导致传统产业产能过剩的现状得不到有效改变，使资源浪费问题得不到有效制止，与新发展理念相违背，也不利于经济的高效高质发展。因此，必须加强两者的紧密融合，要顺

应整体的发展趋势，加强传统产业的数字化水平。当前世界格局变动较大，中国处在重要战略机遇期，实现经济的高质量发展是我国在这一时期把握竞争主动权的重要途径，推动实体经济和数字经济的有效结合也是实现经济高质量发展的重要环节之一。

三、数字化基础设施建设促进数字经济高质量发展

新型基础设施是推动数字经济发展的重要基础，加强对其的建设和利用是推动经济高效高质发展的重要条件。加快新型基础设施的建设和应用，能够有效推动效率变革、动力变革、质量变革。虽然我国的数字经济得到了一定的发展，但新基建有效需求不足潜在需求较大的问题依旧存在，且区域之间发展不平衡、城乡差距相对较大。从整体来看，东部地区在新基建建设方面相对较为先进，高新技术产业的整体发展速度较快，设施建设比较完备；而西部地区则相对较为落后，容易以传统产业为主。新基建的发展状况在一定程度上会影响资源利用效率，也会影响数字经济的整体发展水平。数字化基础设施建设不到位，可能会影响科创能力，也会影响科研成果的转化率，更无法满足产业数字化和数字产业化的实际需求，影响整体的生产质量和效率，更无法满足人们对日益美好生活的需求，影响社会整体的和谐稳定。同时，由于新基建区位分布不均衡，会在一定程度上扩大各区域之间的经济差距，不利于整体统筹协调，最终也会在一定程度上影响经济高质高效的发展。

第六章　新时代数字经济推动高质量发展的政策建议

本书第六章为新时代数字经济推动高质量发展的政策建议，论述了两部分的内容，分别是新时代我国数字经济发展的政策建议、新时代促进数字经济实现高质量发展的政策建议。

第一节　新时代我国数字经济发展的政策建议

一、推动产业间和产业内数字化均衡发展

利用好我国作为全球大国的相关优势，如广大的国土以及庞大的人口，进而推动数字技术与三大产业融合发展，带动企业数字化转型。加快工业互联网发展进程，推动制造业与互联网深入融合，发挥工业云、工业大数据以及工业电子商务等新优势。注重发展数字农业和打造数字乡村，加快信息技术与现代服务业融合发展，重视消费互联网的作用。同时，构建多层次数字化研发体系，夯实产业数字化基础。要加快新型基础设施建设，缩小不同区域以及乡村之间的“数字鸿沟”。

二、提高数字经济的开放水平

发展数字经济需要统筹协调对内对外开放格局，对内激发数字企业劳动生产率，引进国外先进技术和管理经验。数字企业自身应该提高国际竞争力，制定国际化发展战略，培育国际数字化人才，推动数字化标准的制定，提高国际数字治理体系话语权。

三、处理好政府与市场的关系

为促进数字经济发展，应妥善处理好政府与市场的关系，推动数字经济健康发展。随着信息技术变革不断加速，数字经济领域的发展充满挑战。中华人民共和国成立之初，我国实行高度集中的计划经济体制，虽然有效地提高了我国工业化水平，但长期来看不适合国民经济发展。改革开放后，我国开始走市场与计划并行的道路。政府要更好地引导市场公平合理地竞争，强调市场在资源配置中起决定性作用，通过积极主动、富有活力的行为补充市场经济的弊端，厘清政府与市场之间的有关界限，采取有效方式干预经济以保障国民经济健康发展。

四、支持实体经济高质量发展

数字产业化的目标是将数字化的知识和信息转化为生产要素，通过信息技术创新和管理创新、商业模式创新融合，不断催生新产业、新业态、新模式，最终形成数字产业链和产业集群。产业数字化的目标是利用现代信息技术对传统产业进行全方位、全角度、全链条的数字化、智能化改造。

五、构建数字贸易标准体系

随着数字技术和数字科技的飞速发展，与数字贸易相关的标准体系也在各领域快速研制。构建基于中国良好实践的数字贸易标准体系，对于多边和区域贸易规则下的全球经济治理具有重要的作用和意义。

首先，关注和研制数字技术和数字贸易相关领域的标准。与数字技术和数字贸易相关的领域包括信息技术、隐私安全、大数据、云计算、人工智能、智慧城市、数字孪生等技术领域与贸易相关的标准研制，技术与贸易的融合从关键点、关键环节、关键技术、良好实践等方面支撑全球经济治理体系的建设。

其次，构建数字贸易标准体系，全方位助力全球经济治理体系建设。“一流的企业做标准”，标准跟随技术的前沿，而走在技术最前沿的数字贸易标准体系建设，将全方位地支撑全球经济治理体系建设。数字贸易标准既是技术指南和技术规范，也是货物和服务贸易的模式。借助数字贸易标准制修订和实践，从而推动国际经贸规则的制定。根据全球经济治理体系构建数字贸易标准体系，包括数字贸易的各个环节和流程、数字贸易的各种新模式新业态、数字贸易的各种技术支撑和平台建设等。

最后，数字贸易标准在各个国家之间达成技术上的共识，从点到面助力推动全球经济治理体系建设。技术上的共识，通过标准制修订的各个环节和流程，包括标准提案立项、标准的工作组草案、标准的委员会草案、标准的最后征求意见草案等环节，在参与国家之间达成共识，吸收应用的良好实践案例，企业继续应用标准，或者获得相关认证，共同提升产品和服务质量水平，推动全球经济的高质量发展，从而也助力全球经济治理体系建设。

第二节　新时代促进数字经济实现高质量发展的政策建议

一、关于促进数字经济驱动技术创新实现高质量发展的政策建议

（一）制订支持数字经济相关技术创新的战略规划

根据自身国情，借鉴国际经验，研究制定适合我国基本国情的数字经济高质量发展战略规划。强化和加速对我国数字经济领域技术创新的指导和支撑，构建我国数字经济领域技术创新发展框架。积极推动经济与科技的进一步融合发展，大力发挥数字经济高融合性的优势，积极推动5G技术的发展，以5G技术的发展带动数字基建、大数据应用、提升医疗卫生等社会民生重点领域的数字化，发展以数字技术为核心的新兴业态，促进各区域数字经济均衡发展，寻找数字经济新的增长点，实现产业与数字技术的融合创新发展，突破数字经济增长的瓶颈。把数字经济作为各行业各领域协同创新的黏合剂，逐步构建我国联合创新的新机制。以驱动技术创新为目的，系统性地制定有关数字经济的各类政策。例如，金融扶持、准入标准、数据治理规则、税收优惠等，在确保数字经济安全有序发展的基础上，激发创新活力，支撑科技强国的建设。

（二）针对不同创新主体，出台针对性的创新政策

针对高校、科研院所、企业的不同特征，出台具有差异性的数字经济高质量

发展创新政策，构建政产学研联动的良好创新生态环境。对于高校和科研院所来讲，引导高校和科研院所“面向世界科技前沿、面向经济主战场、面向国家重大需求、面向人民生命健康”开展科研活动。鼓励高校和科研院所在理论创新、基础研究上有更大的作为，如数学、物理、通信、化学、材料等，这些技术构成数字经济相关技术的理论基础，是数字经济的底层技术支撑。要免除在这方面进行研发的科研人员的后顾之忧。充分考虑理论创新及基础失败率高、研究时限长、经济效益不明显等特征，在科研经费申请、项目验收条件上予以倾斜，为变革性技术的出现，奠定坚实的技术基础。对于企业来讲，要大力支持企业从跟随技术潮流到引领技术潮流，在应用研究上紧密对接市场需求的同时，挖掘新的需求、创造新的需求。为企业的技术创新提供税收优惠、政府补贴等支持。除此之外，大力推进企业与高校和科研院所的紧密对接，发挥各自在技术创新上的优势，共同进行创新创业，推进数字经济的高速发展。对于企业来讲，技术创新是一项高成本高风险的投入。许多中小企业及传统行业进行技术创新的基础薄弱，但是他们直面消费者，更加了解消费者的需求，对于自身的转型升级更有话语权，掌握着市场直观的动向。这时，企业可以将这部分技术研发外包给高校和科研院所。高校及科研院所有强大的研发平台，但缺乏开展应用研发的资金。双方各取所需，企业利用高校及科研院所的技术优势，为自己开发新产品、新技术。高校及科研院所利用企业的资金开展科学研究，以研发促研发，形成良好研发生态。对于大中型企业以及一些高新技术企业来讲，他们自身虽具备研发能力，也需要更强力的技术支撑。这时，可以与高校开展联合研发，对集成电路、超导、量子计算、5G、大数据、人工智能等应用技术领域发起共同攻坚。一方面，高校及科研院所虽然具有较强的科研实力，但对市场的需求不敏感，科研经费有限。所产出的技术成果在一定程度上限于自身条件，研究还处于比较前期的阶段，离生产上市还有一定距离。这就需要与企业紧密对接，从企业获取市场信息，才能面向经济主战场进行研发。另一方面，可以与企业联合开展技术中试，推进技术的熟化。实现高校、科研院所、企业三大创新主体之间的良性互动和互利共赢。

（三）通过组织创新、管理创新，优化资源配置效率

在数字经济的影响下，知识、信息、数据等逐渐走上生产舞台，成为不可或缺的生产要素。如何配置这些生产要素就成为重要的课题。因此，需要我们不断

对体制机制、组织结构以及管理方法进行创新。通过组织创新、管理创新来促进技术创新，优化资源配置效率，推进经济高质量发展。随着社会经济以及技术的发展，技术创新的难度以及复杂程序不断攀升，已经很难依靠单一主体进行技术创新，现在的技术创新往往需要多个主体甚至多领域的倾力合作才能达成。只有建立完善体制，将参与数字经济的各个主体有机地整合在一起，形成网格式的创新矩阵，无论需要产业链上横向还是纵向支撑，都能通过完善的体制将其整合在一起，才能在开放、有序的环境中进行技术创新。数字经济领域的多元主体、多元创新，给管理增加了难度。单一部门，不能应对数字经济技术创新的复杂环境，急需对管理的方式方法进行创新。首先，政府应当统筹协调，积极发挥各部门的特点，实现市场监管、知识产权保护、金融投资等的多方协同，应对数字经济中层出不穷的新的技术形态及商业模式。其次，知识、信息、数据等这些生产要素的支撑，都是由人提供的，为了支撑这些要素的高效配置，必定离不开人力资本的提升以及结构调整。我们应当以上述要素的高效配置为核心，调整人力资本的结构。同时，加强数字经济各领域的人才的培养。对于新的人力资本，应当给予系统性、前瞻性的教育培养。对于已有的人力资本，应当加强职业培训，提升知识水平，提高技术水平。最后，要加强知识产权的保护，营造整个社会尊重知识的氛围，大力提升侵犯知识产权的成本，使数字经济的各个主体敢于创新、乐于创新。

二、关于促进数字经济提高外资利用质量推动高质量发展的政策建议

自从 2015 年“十三五”规划提出大数据战略以来，国家积极实施大数据战略并提倡数字资源共享，数字经济成为我国现阶段经济发展的核心部分，以数据技术为核心的数字经济在推进企业创新、数字化转型和“互联网 +”等方面发挥着积极作用。随着数字经济加速发展，新的机遇蕴含其中，医疗、教育、互联网、人工智能等产业快速发展，中国在之前信息技术和大数据的发展基础上，积极推出相关的投资政策和数字经济发展政策，并实现数字经济的稳定增长，由此可见，数字经济的发展不仅有利于提高我国跨国企业核心竞争力，而且正在影响着全球的投资模式。由此，提出以下四点政策建议。

（一）积极推动数字经济产业集群建设

中国应积极鼓励各个省市根据自身情况建立数字经济产业集群，通过建立数字政府推动数字产业化和产业数字化。在推动数字产业化方面，中国应推进核心数字技术的创新发展，积极推动数字领域重大产业项目的实施，对高校和政府组织的数字经济领域重点研究项目予以资金和人才支持，并加强数字基础设施建设；同时对符合相关认定条件的数字经济领域的国家重大实验室和创新技术中心予以补贴和政策支持，并积极推动数字经济领域创新平台的技术创新，同时完善相关法律法规和专利等认定条件，对创新产品进行相应的知识产权保护；加强数字产业链相关建设，鼓励各个省市建立数字经济新兴产业集群，并建立数字经济示范基地，通过产业园基地、数字经济特色小镇和电商示范基地等推动数字经济产业集聚。在推动产业数字化方面，以产业数字化作为数字经济的实体支撑，加强大数据、互联网和物联网等新型信息技术与数字经济的深度融合，加快推进 5G 网络基础设施建设，通过 5G 网络技术发展带动工业互联网和物联网的发展；构建“互联网 +”的制造业生产体系，积极推进制造业数字化，将大数据、人工智能和信息技术等运用到制造业生产过程中，并通过制度创新、管理创新和政策创新推动制造业数字化不断进步；通过医疗、教育、贸易、能源等行业相互融合作推进产业数字化，并利用数字经济对重点行业的改造升级，激发重点行业数字化转型的内在动力，同时，还应对数字经济的相关发展领域进行有效监管，在保护各方合理权益的基础上，推动数字化产业健康发展。

（二）利用数字经济降低国际贸易成本

数字经济的快速发展为降低国际贸易成本提供可行性，数字经济对全球贸易和全球投资模式的影响越来越大，不仅在一定程度上降低了我国贸易发展成本，而且有利于我国在吸引外资方面增强竞争力。在数字技术发展以前，由于各个国家交通基础设施、经济发展水平、通信技术水平等发展得参差不齐，国际贸易的成本和时间是巨大的，如何通过数字经济技术降低贸易成本，并加强国际贸易分工就变得十分重要。在未来，我国应该继续推动互联网基础设施建设，通过互联网技术降低跨境商品的展示成本，提高获取海外订单的速度，促使国际贸易的订单沟通更加顺畅，并减少跨境贸易结算时间和相关手续费用成本；同时，在提升物流速度方面，应建立数字化供应链，对物流环节的层层数据进程高效保存和分类，提高物流链的工作效率，并利用大数据明确配送距离，选择最优方案，缩短配送时间；区块链具有可追溯和不可篡改性等特点，利用区块链技术保存贸易产品的生产地、流转过程和配送过程，降低国家贸易产品追溯成本，并在产品出现问题时，及时有效地发现问题，并根据相关方案纠正问题；在未来数字化转型的过程中，我国还应降低产品的出口成本，通过数字化的内部管理提高企业的生产效率，并利用数字信息技术分析市场产品需求，并根据市场需求定制化生产产品，使产品更加智能化，只有依托技术创新手段降低产品的生产成本，提高产品品质，才能更好地出口产品并吸引外商直接投资。

（三）利用数字经济改善营商环境

2020 年，中华人民共和国和国家发展改革委委员会、中共中央网络安全和信息化委员会办公室、中华人民共和国工业和信息化部等联合印发《关于支持新业态新模式健康发展激活消费市场带动扩大就业的意见》（发改高技〔2020〕1157 号）。该意见指出数字经济增加了我国经济的竞争力和创新力，在未来要继续优化服务改革，并优化营商环境。利用数字经济改善营商环境，我国应该推动政府向数字化政府迈进，利用大数据、网络平台、信息技术等建立共享、高效、安全的线上、线下政府服务平台，让我国企业和外商企业在处理企业业务和办理政府相关事务时减少成本和时间，提升政府办事效率和服务环境质量，利用数字经济发展技术推进营商环境改善；优化数字经济营商环境时需要政府给予明确指导，如颁布与经济发展相适应的减税降费政策，2019 年国家税务局对月销售收入小于 10 万元以下的纳税人免征增值税，稳定中小企业相关工作人员信心，并降低经营的不确定性；在优化外商投资环境的过程中，还应厘清从事数字经济相关行业的企业经营许可问题，明确规定相关进入准则和法律法规，通过制定电子商务法、反垄断法和数据安全法等加强对数字经济领域的监管力度，让数字经济的发展更加规范有序；此外，加快数字经济基础设施建设，利用数据服务平台更便捷地储存数据、模型计算、分析数据等优势推进数字城市建设，通过华为、阿里、腾讯等科技企业的发展带动中小企业，并促进城市人地关系的数字化，通过城市信息化数据，更好地判断城市的发展状况，让城市数据资源更好地为政府决策、企业管理、市民健康生活提供理论依据。

（四）推动数字经济监管体系建设

数字经济发展已经是我国经济发展的核心部分，是未来各个经济领域和社会部门发展的新制高点，数字经济已经上升到国家发展战略，相比较传统经济，数字经济的产生机理和运行过程都相对比较特殊。以数据为核心的数字经济，由于存在数据量大、存储平台为云空间以及核心技术较复杂等特点，创新性的数字经济监管就成为数字经济发展过程中的重要部分。目前，数字经济处于初期成长阶段，审慎包容监管十分重要，既要推进“简政放权放管结合优化服务改革”，又要进行有效监管，特别是需要激发数字经济的发展活力和市场创造力，并利用包容监管、审慎监管和智慧监管等原则在重点领域进行重点监管；在依据相关监管原则的基础上，还应出台有关数字经济监管的法律法规，通过法律制度为数字经济的有效监管保驾护航，并加强“智慧市场监管”应用体系建设。

第七章　新时代数字经济推动高质量发展的保障

本书第七章为新时代数字经济推动高质量发展的保障，主要分为新时代数字经济促进高质量发展的政治保障、新时代数字经济促进高质量发展的经济保障、新时代数字经济促进高质量发展的社会保障、新时代数字经济促进高质量发展的生态保障四个部分的内容。

第一节　新时代数字经济促进高质量发展的政治保障

在新时代，随着数字经济发展，我国经济迈入新的发展阶段，新技术、新产业、新业态、新模式不断涌现，推动经济高质量发展。国际方面，数字经济发展推动国际产业链、价值链以及分工体系重构。对此我国提出构建以国内大循环为主体，国内国际双循环相互促进的新发展格局。在新发展格局背景下，我国数字经济发展的关键在于阐明新发展格局背景下数字经济驱动经济高质量发展的政策需求，摸清新发展格局背景下数字经济发展所面临的政策约束，并据此对相关政策进行优化调整，积极构建数字经济驱动经济高质量发展的政策支持体系，保障数字经济发展健康可持续运行。

一、新时代数字经济促进经济高质量发展的政策需求

新时代推动我国数字经济发展，必须明确数字经济发展的政策需求。在新发展格局背景下，数字经济发展需严守创新底线，强化循环动力；促进绿色发展，提升发展质量；优化收入分配，缓解主要矛盾；保障经济安全，稳定国内市场。旧有政策难以完全满足数字经济发展的需求，达到助力新发展格局构建的目的。

新发展格局背景下我国数字经济驱动经济高质量发展的政策需求具体表现为以下三个方面。

（一）严守两条创新底线

随着新一代信息技术革命的推进，云计算、大数据、物联网、区块链、人工智能等新技术在各个领域的应用不断深化，催生出一批新产业、新业态、新模式，构成数字经济发展主要特征。前沿技术的开发、普及与淘汰转瞬即逝，相对较短的技术迭代周期与日趋激烈的国际贸易竞争成为数字经济时代特色。另外，构建新发展格局必须抓住提升自主创新能力、突破关键核心技术这个关键。在新发展格局背景下，数字经济发展要求源头知识创新，要求尖端技术创新，要求高效应用创新，以实现高层次、高质量创新。因此，数字经济发展需严守两条创新底线，为高层次创新提量，为中低层次创新提质，以此强化数字经济发展动力源。

1. 要严守高层次创新占比底线

由于基础研究投入大、回报迟、风险高、难度大，且具有很强的外部性，难以完全依靠私人部门投入与市场机制获得稳定资金支持，致使从事基础研究及尖端技术研究的人才流失到其他投入小、回报快、风险低、难度小的研究方向，在一定程度上形成恶性循环，陷入高层次创新困境。近年来，我国创新规模逐年扩大，但创新活动始终存在结构失衡问题，基础研究、尖端技术开发等高层次创新占比较低，低层次创新占比较高，存在产业技术空心化的危险，不利于产业结构优化以及产业国际竞争力的提升。当前，我国基础创新研究和关键技术亟待突破，科技创新投入的大规模增长尚未带来全要素生产率的显著提高和经济发展质量的提升。因此，政府需加大对基础研究等高层次创新的扶持力度，严守高层次创新占比底线，提升高层次创新占比。

2. 要严守中低层次创新质量底线

相对于投入巨大、耗时较长的高层次创新，门槛较低、耗时较短的中低层次创新更具普遍意义，故在提升高层次创新占比的同时，也要注重中低层次创新对提升技术水平、促进产业升级、推动数字经济发展的重要作用。经济高速增长时期，我国凭借对国外先进技术的引入与模仿，加速我国技术变迁与经济增长，但长此以往所形成的技术来源路径依赖；所以我国须严守中低层次创新质量底线，加大对中低层次创新的扶持力度，助力摆脱路径依赖。

（二）深挖绿色发展潜力

改革开放以来，我国一方面凭借粗放的发展方式，经济实现常年高速经济增长，生产力水平大幅跃升，经济实力显著增强。另一方面，这种粗放发展方式在一定程度上也导致我国环境污染、资源浪费、生态失衡等问题日趋严重。经济发展方式须适应社会环境，当前我国已经进入高质量发展阶段，要坚持“绿水青山就是金山银山”的理念，坚定不移走生态优先、绿色发展之路。绿色发展将是新发展格局背景下数字经济发展中不可或缺的重要一环，深挖绿色发展潜力，提升经济发展质量，是数字经济发展应有之义。

1. 绿色发展理念与数字经济发展思维高度契合

数字经济是将提升人民生活质量、促进经济高质量发展作为最终目标的全新经济形态，保护人类赖以生存的环境，满足人民对美好生活需要，自然也在数字经济发展的目标之内。在绿色发展理念下，促进经济社会发展模式进行转型升级，推动构建有效的生态环境保护机制、环境补偿机制，实现人与自然的和谐共生，推进美丽中国建设，助力数字经济发展实现绿色可持续发展新模式。

2. 实现以数字智能为核心的数字经济与绿色发展模式间的双向高效协同

一方面，数字经济发展中大数据、人工智能、云计算、物联网等高新技术的应用，可降低绿色发展的实现门槛，节省大量的人力资源，并促进绿色发展实现精准化、有序化、效率化，是推动绿色发展不可或缺的重要组成部分。另一方面，贯彻绿色发展理念为清洁能源、生态农业、生态旅游等一系列产业提供了更广阔的发展空间，使之成为数字经济发展的经济增长点，并带动部分高新技术领域实现突破，进一步增强环境承载力，实现经济可持续发展。

3. 促进绿色发展和区域协调

构建绿色发展与区域协调融合发展机制，区域协调是绿色发展的前提，而绿色发展则是区域协调的高级形态，两者融合有助于改善当前发展不平衡、不充分的现状。区域经济发展要求建立符合新发展格局背景下数字经济发展要求的国土空间布局和支撑体系，一方面防止由于空间资源稀缺导致城市范围内对农业和生态用地的侵占，另一方面防止区域之间上游生产活动对下游生态福利造成损害。绿色发展建立在区域协调发展的基础之上，依靠绿色国土空间布局提升环境承载力，实现友好型、全局型、持续型的经济发展模式。

（三）保障经济安全稳定

从国内角度来看，我国应建立更完善的法律制度体系，维护强大国内市场环境稳定，保障数字经济的平稳有序发展。首先，新生产业网存在行业传导效应。在数字经济背景下，随着信息技术进入生产领域，各行各业的经济活动变得越发敏捷，逐渐关联、融合，形成一张由数量庞大的市场主体相互链接的产业网。但同时，从内部看影响国家经济稳定的因素也变得更加庞杂，牵一发而动全身，若未能做到对不稳定因素的及时应对处理，很有可能演变为在一定程度上影响国家经济安全的威胁。其次，数据产权保护存在困境。数据产权保护是数据要素市场平稳运行、数字经济创新发展、质量效益不断提升的重要前提，然而我国目前面临数据产权难界定、难惩处、难保护的困境。在数字经济发展模式下，数据作为新兴生产要素投入产业网当中，因低成本、可复制的特性被各类市场主体广泛应用。但正因如此，数据确权也成为威胁数字经济安全稳定运行的一大难题。最后，数字金融存在潜在风险。在数字经济背景下，数字金融与普惠金融的较快发展在很大程度上缓解了低收入者和中小企业所面临的信贷约束，有效降低了交易成本。然而，数字经济在促进金融创新、完善金融体系的同时，也存在科技型企业非理性融资、金融资源错配等潜在风险。因此，必须健全市场经济体制，完善相关法律制度，加强资本市场对此类风险的抵御能力。

从国际角度来看，数字经济发展不同于以往粗放的发展模式，在国际社会中我国单纯从事加工制造的刻板印象也在逐渐发生变化。一方面，数字经济有利于我国突破产业核心技术，实现产业结构升级，改善在国际产业链中的分工地位。另一方面，又面临风险与挑战。且由于信息技术的广泛应用在一定程度上提升了数据要素在国际范围内的流动性，加强国际交流的同时，也让国际范围内针对新崛起企业的打压更容易实施，国家经济安全稳定存在一定的威胁。从实施主体上看，国际经济安全压力一方面来自其他国家政府机构，另一方面来自非国家经济体，如跨国公司、国际组织等。从影响领域看，国际经济安全压力除却传统国际政治安全问题外，更多地涉及国际贸易规则、关税壁垒、国际投资、跨国公司东道国法律法规和价格转移以及国际货币体系变化等因素。因此，在数字经济发展过程中，应建立更加完善的市场经济体系、提高国内企业自身的保护意识，进一步完善我国企业国际竞争优势。

二、新时代数字经济促进经济高质量发展的政策支持体系构建

新时代背景下，数字经济发展能够有效驱动我国经济高质量发展的关键，在于通过调整并完善产业政策、贸易政策、人才政策、科技创新政策以及生态保护政策，构建满足新发展格局背景下数字经济驱动经济高质量发展新要求的政策支持体系，破除我国数字经济驱动经济高质量发展所面临的政策约束、机制障碍以及现实困境，加速推进数字经济发展。

（一）产业政策支持体系

新发展格局背景下，我国与发达国家的距离正在逐步缩小，但我国的产业政策尚未适应国内产业在此期间的变化，我们将从产业技术、产业组织以及产业结构3个方面分别提出新发展格局背景下我国数字经济发展的产业政策支持体系构建建议。

1. 在产业技术方面

数字经济发展不同于以往粗放的发展模式，可以依靠简单的技术引进，结合自身资源禀赋优势实现高速增长。我国的尖端技术虽部分落后于国际前沿，但整体已经迈入技术创新引领者的行列，技术引进的难度增大、引进空间缩小，国内产业须适应这一变化，走自主创新之路，成为国际范围内的先进技术开拓者。为提高产业技术进步，我国首先要加大基础创新的研发投入，同时设立质量把关检测，保障资金获得有效利用。其次要加大创新人才培育力度，对现有的人才培育体系进行改革，为产业技术进步提供高质量人力资源投入。最后要促进产学研用衔接紧密，提升政策投入转换效率，将政策支持转化为高附加值的实际产出。

2. 在产业组织方面

数字经济发展通过数字技术与人工智能相结合可实现针对产业组织传统层级

管理制度的优化革新，提升组织内部生产活动效率，为此需要我国产业政策积极调整，为实现数字经济发展下的产业组织优化创造条件。一方面要不只限于门槛式市场准入开放，将开放准则细化，与国外市场规则接轨，利用数字经济发展协同性特征，通过扩大产业规模，实现高层次对外开放。另一方面要由政府颁布监管条例，根据新出现的数字竞争手段制定相应的法律规定，配合市场机制，确保在数字经济发展竞争加剧的背景下仍能实现公平竞争的市场环境，让市场机制充分发挥资源高效配置的作用。

3. 在产业结构方面

由于数字经济背景下数据要素的加入，高新技术产业的要素生产效率得到提升，导致要素重置，提升产业整体劳动生产率，促进产业结构高级化。为促进产业结构升级，需在此强调数字经济发展下政府改进方向。首先，要以数字化服务型政府为建设目标，简政放权，打破企业审批效率提升的最后一道门槛。其次，要加快新型基础设施建设，为数字经济发展打好基础。最后，要减少政府投资控制与目录指导，增强产业政策措施的普惠性，保障产业发展活力。

（二）贸易政策支持体系

我国应采取稳中求进的贸易政策，推进国际合作继续开展，促进产业结构优化升级，提升对外开放层次，进一步为新发展格局背景下我国数字经济发展建立安全稳定的经济发展环境。在此，我们分贸易管制、贸易鼓励以及贸易保护 3 个方面阐述贸易政策支持体系。

1. 在贸易管制方面

针对我国新一代信息技术、新能源、新材料等急需培养的战略性新兴产业，应对其所需进口产品放宽限制，降低贸易门槛，促进国际合作交流，为我国战略性新兴产业的发展进步提供自由的贸易环境和有力的政策支持。

2. 在贸易鼓励方面

对创新型企业和尖端技术企业提供政策便利以及资金投入，引导企业加大基础研发投入，鼓励自主创新，利用高新技术提升我国产品质量，推动出口迈向高端化，打造一批在国际上有影响力、有竞争力且独立自主的全球性企业。

3. 在贸易保护方面

要加大对数据产权的保护力度，完善数据产权市场，为数字产业化提供安全保障；要继续加大对知识产权的保护力度，为企业技术创新增添动力；要针对向中西部转移加工贸易的企业进行财税补贴，降低区域发展不平衡程度。另外，在针对国际数字贸易政策制定方面，我国须尝试融入国外市场，积极参与国际数字贸易规则制定，并在发展与安全间做好权衡。我国应积极参与国际数字贸易规则制定，积极融入国际市场，构建我国的数字贸易联盟，规避被边缘化的风险。与此同时，须加强数据监管机制，明确数据安全评估流程，完善数据分级分类管理体制，做到发展与安全并行。

（三）生态保护政策支持体系

生态环境是承载数字经济发展的基础，是实现可持续发展的大前提，实现绿色发展，建立生态文明是关系中华民族永续发展的千年大计。在新发展格局背景下，数字经济发展的生态环境保护政策也应与时俱进，适应数字经济时代的各项改变，构建生态保护政策支持体系，助力数字经济发展，促进新发展格局构建。我国数字经济发展生态环境保护政策支持体系可从生态空间管控、生态补偿以及生态问责 3 个方面进行构建。

1．在生态空间管控方面

政府需充分发挥数字经济数字化特性，推动数字技术融入生态科技管控，依托新一代信息技术实现数字化精细管理，建立可防、可控、可治的生态环境监察体系，实现全面监测、精准监测、有效监测，严守生态保护红线。另外，需要建立整体性、全局性、系统性生态保护综合协调合作机制，依托数字化精细管理，加强区域间、部门间的数据交流，在全面监测的基础上实现生态保护的统筹协调，并因地制宜引导实施差异化政策，对症下药。

2．在生态补偿方面

首先，要建立健全生态环境评估指标体系，准确把握生态补偿政策实施前后当地生态质量变化，严格实施激励约束，并做到生态补偿机制的全面覆盖．其次，要注重生态补偿方式，生态补偿政策应当考虑到生态环境建设长期性的特点，起到授人以渔的作用，如实现生态产品市场化，将生态环境保护与经济发展接轨，针对生态产业要积极引导，提供政策支持，拓宽生态产品销路，实现生态产业化发展，使当地拥有长期稳定的收入来源。最后，要明确自然资源产权界定，完善市场机制，并针对生态补偿设立独立部门，做到权责明晰。

3. 在生态问责方面

一方面，要加大对个人和企业违反生态环境保护政策、破坏生态环境行为的惩处力度，以节能减排、效率提升、技术进步为目标，推进产业绿色转型进度，并持续完善生态环境保护督察制度；另一方面，要设立完善的生态环境损害赔偿制度，并严格执行，及时对受损一方进行合理的经济赔偿，维护生态保护动力，树立生态保护意识，实现有效激励。

第二节　新时代数字经济促进高质量发展的经济保障

一、新时代数字经济高质量发展中生产力的进步

先进生产力是一个具备时代特征的动态概念，兼备绝对性和相对性。其绝对性在于无论处于任何发展阶段下的先进生产力都是当前阶段最具比较优势、先进性、高效性、带动性的生产力，能够促进经济发展；其相对性在于先进生产力的历史性，体现为生产力的持续进步革新。在数字经济时代背景下的先进生产力可以从以下五个层面来理解。第一，从其构成基础来看，数字经济时代的先进生产力建立在大量高素质的劳动者、高技术含量的劳动资料和高技术含量的劳动对象之上。第二，从其生产模式来看，数字经济时代的先进生产力应具有更高效率的管理方式、更加合理的要素分配模式和更加科学的要素结合方式。第三，从其经济效益来看，数字经济时代的先进生产力具有很高的生产效率，能产生巨大的经济效益。第四，从其环境效益来看，数字经济时代的先进生产力应当对生态文明友好、绿色环保。第五，从其发展空间来看，数字经济发展背景下的先进生产力应具有更加开放包容的特点。结合当前我国数字经济发展特征，将生产力进步特点进一步展开分析如下。

（一）将知识和数据作为新的生产要素

将知识和数据引入生产是数字经济时代生产力进步的重要特征。传统生产要素资源总量有限，在生产中满足规模报酬递减的规律，大量投入廉价劳动力和生产资料的高投入型生产模式难以长期维持经济高增长。相比之下，知识具有无限

性且能够实现自身增值，同时知识的使用具有外溢性，能够克服资源总量约束，打破传统生产要素的规模报酬递减束缚，形成规模报酬递增的生产模式从而促进经济的长远发展。近年来，我国数字经济发展迅速，信息的共享性和外溢性使数据成为一种挖掘成本和使用成本都非常低廉的生产要素，在一定程度上有效降低了生产成本与交易成本，实现效率提升。数据作为一种新的生产要素，其投入生产的优势在于能够形成信息化、网络化和速度化的经济社会，能够以极快的速度实现数据跨空间传输；它不仅可以独立作为一种生产要素形成数字产业，也可以与传统生产要素有机结合形成更具活力的生产模式；能以极低廉的成本搜集整理数据，分析市场消费需求，从而调整生产；能将经济发展重心从依赖传统资源消耗型生产转向边际成本递减且能够快速实现增值的数据化生产模式上来，这不仅能缓解经济发展对有形资源产生的巨大压力，还有助于形成经济多元化发展动力。

（二）将科技创新作为提升生产力的重要手段

科学技术革新是数字经济发展的动力源泉。科技理论的超前发展能够为生产力发展提供方向，科学技术的利用可以为生产力进步提供动力支持，科技创新才是经济发展的根本。科学创新成果的物化使科学从无形的知识形态转化为物质形态的生产力，与要素有机结合，进而推动生产力进步。科学成果与劳动者相结合形成一大批掌握科学技术知识的专业型高素质人才，劳动者整体素质水平得到提升；科学成果与劳动资料的结合形成具有高技术含量的劳动资料和生产工具，大幅度提升生产效率；科学成果与劳动对象的结合形成具有高技术含量的劳动对象，不仅能够改进现有劳动对象，而且能够开发新的劳动对象。此外，科学技术应用于生产对生产要素产生了积极的影响。首先，科学技术帮助人们更加了解各项生产要素特征，据此形成更高效率的管理方式，从而降低损耗。其次，科技发展有助于将经济社会全局资源供给和需求进行整合分析，使要素的分配模式更加合理。最后，在要素投入生产之前对各种要素组合模式进行科学分析对比，形成更加科学的要素结合方式，生产效率得到提高，进而促进生产力水平的进步。

（三）将开放共享作为生产力进步的助推动力

数字经济时代背景下更应该顺应信息化、全球化大趋势，不断推进金融资本全球化、科学技术全球化、生产全球化、交易市场全球化。这一时代背景下的生产力进步也表现出更加开放包容的特点。开放共享导致的生产力进步可从以下 4 个视角来解读：

①金融资本全球化。资本全球化既包含引进国外金融投资，也包含对外投资，形成一个双向流通格局。引进外资能够丰富国内金融市场，拓宽融资渠道，为我国生产力发展提供充足资本；对外直接投资不但可以使我国闲置资金重新进入生产过程创造经济收益，实现我国生产企业的快速对外扩张，还能够通过与境外企业形成合资联营模式，从而直接获取生产经验，快速提升我国生产力。

②科学技术全球化。科学技术全球化是在全球化经济时代最具影响力的生产力进步驱动力。科学技术的全球化不仅表现在世界范围内的科学理论研发协作、科学成果的交流学习，也表现在国内外生产技术、生产经验的互相借鉴。

③生产全球化。经济全球化背景下生产资料的流通成本大大降低，生产资料在全球范围内的快速流通为充分发挥国际市场对要素的配置作用打下坚实基础，使世界范围内资源重新流动分配，配置效率显著提高。同时生产链条全球化也推动了国际分工合作机制的日益完善，为各国发挥比较优势实现快速发展提供契机。

④交易市场全球化。经济全球化背景下的生产产品不仅面向国内消费，也将把国外消费需求纳入生产考量，为生产产品提供更加广阔的市场发展空间。

二、消费体系和国内经济大循环的完善

“以国内大循环为主体”既是经济发展规律的时代反映，又是未来我国经济基本走向的长期态势。面对双循环新发展格局，我们必须通过刺激国内消费需求来解决外需萎缩所引发的一系列产能过剩问题，而以新技术、新产业、新模式和新业态为主要表现的数字经济则为我们实现上述目标提供了更多现实可能。数字经济在塑造新型消费主体、消费客体和消费环境的同时，也在不断催生新型消费方式，加速居民消费扩容提质。因此，我们可以通过推动数字化、个性化、共享化等消费新业态新模式的发展，提升社会整体消费能力，从需求侧为国内大循环机制的顺利运行提供强大的动力支持。

（一）消费是双循环新发展格局下我国经济增长的主引擎

改革开放以来，尤其是加入世界贸易组织后，我国经济大部分时间是通过大

规模投资和劳动密集型产品出口来实现增长，居民的消费率长期处于下降态势。这意味着我们不仅需要在供给侧加大改革力度，而且也必须发挥居民消费对社会需求的引领带动作用，将过剩的社会生产力转化为国内广大消费者喜闻乐见的产品与服务，弥补外需萎缩所引起的供需缺口。鉴于国内居民消费对经济双循环的重要意义，我们必须做好对居民消费的调控与引导工作，协调消费与生产、分配、交换等其他社会再生产环节以及消费领域内部各因素之间的多方位关系，适应以国内大循环为主体、国内国际双循环相互促进的目标要求。我们必须从生产力与消费力良性循环的高度对消费行为进行调控和引导，依据数字经济背景下新型消费的发展趋势，促进消费及其相关产业的智能化、个性化、绿色化，全方位提升居民消费质量。我们应当合理运用政府宏观调控方法，处理好消费、投资、出口三大需求间的互利互融关系，提升居民消费力，扩大居民消费需求。我们应当充分运用经济措施，通过财政税收、短期贷款等渠道，培育新型消费热点，扩充国内消费市场，引导居民树立和谐可持续的消费观念。我们还应适度运用法律措施，整顿市场经济秩序，解决新型消费发展过程中所产生的新问题与新矛盾，打击各种欺诈行为，切实保护消费者权益。

（二）以新型消费带动国内经济大循环

国内经济大循环的顺利运行很大程度上取决于居民消费的扩容提质。只有通过居民消费水平提升和消费内容升级，外需不足所导致的过剩供给才能被国内市场充分吸收，社会经济资源才能被及时引导至以高效率为特征的新兴产业领域，宏观经济也才能在双循环新发展格局下实现平稳有效的高质量增长。当前，数字经济以前所未有的方式冲击着现有消费体系，人们的消费行为已经在这一浪潮中被烙上了深刻印记。新型消费是当前需求体系中最为活跃的因素，厂商与经销者只有积极响应新消费需求，及时引入新型运营方式，才能在日益激烈的市场竞争中占据先机。同时，我们必须破除传统思维的固有弊病，借助消费新模式与新业态实现消费市场的扩容提质，为国内经济大循环增添消费动能。

具体而言，我们可以通过以下措施充分发挥新型消费对国内大循环的引领带动作用。外贸企业可以借助电商平台和现代信息技术，建立新型营销网络，精准定位消费人群，实现供需对接，促进出口内销。相关公共部门可以通过出台一系列优惠政策，例如财政补贴和税收减免，缓解外贸企业的资金压力，加速传统产业转型升级，推动二者融入“互联网＋”与“智能＋”等数字经济生态体系，激励其主动参与国内新型消费市场。我们还可以借助数字经济背景下的新技术、新模式与新业态推动各类新兴产业的快速发展，在促进经济转型的同时提升社会消费能力与消费欲望，实现居民消费扩容提质，以此带动国内经济大循环的顺利运行。

第三节　新时代数字经济促进高质量发展的社会保障

一、新时代数字经济促进高质量发展资源配置的机制重塑

从历史进程来看，每一次新技术革命的产生都会因新技术范式的形成，带来社会生产力和生产关系的变革，进而改变原来经济形态中的资源配置方式。在《新经济新规则：网络经济的十种策略》一书中，凯文·凯利（2014）用“全球化”“注重无形事物（如知识、信息、关系）”“紧密地相互连接”来描述数字经济的三个显著特征。相比于传统的经济形态，数字经济的本质就是工业经济向“信息经济”“数字经济”“网络经济”“平台经济”“知识经济”，甚至是“风险社会”过渡。依托海量开放共享的数据资源和精准的计算能力，数字经济改变了原来单纯依靠资本要素、劳动力要素驱动的生产方式，转而向数据要素、知识要素的创新驱动方式转变。一方面，数字化条件下应运而生的新技术范式直接创造和催生了数字经济形态的产生；另一方面，其与现有产业的融合发展也打破了传统经济发展模式的“桎梏”，推动着资源配置机制的重塑。

数字经济对资源配置机制的重塑，既体现在要素供给领域又体现在要素需求领域。依托大数据精准勾勒客户画像、人工智能解决人为主观性判断偏差与提高信息处理效率、云计算的智慧化生产经营体系、区块链的构建高效化透明化强信任关系等功能，数字经济能够改变传统经济背景下厂商和消费者的信息获取状态，从“增量补充”和“存量优化”两方面最大限度地拓宽以往传统经济背景下以理性选择理论为基础、完全根据市场信号进行资源配置的途径，将市场出清意义上的总供给和总需求及数量结构作为一种“算法”，重塑资源配置机制路径。

（一）劳动力要素配置的机制重塑

1. 打破了原有劳动形式中劳动者的时间和空间壁垒

随着人工智能、物联网、大数据和云计算等新一代技术加速商业化应用，与此相关的高新技术产业快速发展。各地区产业数字化和数字产业化变革互相推动，从就业生态构建和就业模式改变两个方面重塑了劳动力资源配置机制。一方面，移动互联网应用的广泛推广以及智能终端如智能手机和平板电脑的爆炸性增长降低了人们因时空限制获取就业等相关信息的难度，减少了劳动者的信息搜寻成本，有利于弱化摩擦型失业、结构性失业以及周期性失业的负面影响。另一方面，数字经济发展催生出的许多新产业、新业态和新模式，使原有劳动形式中的时间和空间壁垒减弱，为劳动者的自由就业、自由择业提供了更多可能。

2. 增加了就业灵活化和就业平台化

不同于传统经济下的就业模式，劳动力受雇于特定企业，通过企业与市场之间建立的联系进行价值交换。“互联网 +”等带来的数字经济，使“平台式就业”“创业式就业”成为可能。依靠平台，劳动者只需要通过虚拟账号就能实现就业，成为平台的服务方，与市场消费者建立直接联系，实现价值交换。虽然，数字经济的演进在某种程度上加速了传统经济结构中部分就业岗位的消失，但从历史经验来看，每一次新技术革命的浪潮都会创造出更多、更新、更好的工作机会，进而使宏观层面的就业总量表现出增长态势，实现经济增长和就业的“双赢”。

一方面，互联网、人工智能等新技术的发展，冲击了原有行业的收入水平，促进了劳动力市场的竞争水平，让新的工作机会不断涌现。这些业务体系的发展和壮大不仅自身可以直接雇佣、使用大量劳动力，而且还能带动供应链上的企业和商务就业。

另一方面，数字经济带来的新业态赋予了更多劳动力群体灵活的就业机会和就业方式，缓解了老龄化对劳动力市场的冲击，让劳动力资源的配置更加有效。此外，数字微客、互联网营销师、代收垃圾网约工、数字化管理师等职业的出现让劳动者的就业方式越来越趋于灵活化和弹性化。“U 盘式就业、分时就业”日渐普遍，劳动者个体在柔性安排和利用其碎片化时间获取更多收入的同时，也让整体的劳动力资源的配置效率在一定程度上得到极大提高。

（二）数据向数据要素转化的机制

1. 创造了新的数据资产

大数据作为数字经济背景下一种重要的生产要素和战略资源，已成为支撑社会经济发展的重要驱动力。以先进制造业、“互联网 +”、创新创业、跨界综合管理等为代表的数字经济（新产业、新业态、新模式）也蓬勃发展，呈现出欣欣向荣之态势。经济社会活动全面数字化进程的加快，人、机、物的深度融合，不仅会创造出更多的数据信息和数据商品，而且还会在其他技术（如云计算、人工智能）的支持下不断自我积累、流通，进而形成具有生产性、扩张性的数据财富。

数据资产是数字经济企业区别于传统企业的重要特征之一。与传统的厂房、设备、办公楼等有形固定资产相比，数据资产在数字经济企业生产经营和管理决策中的作用越来越重要。首先，不同于资本、劳动力、土地等稀缺性传统要素资源，数据资源是一种可再生利用的生产资料，具有可复制、可共享、可无限增长和供给的充裕性等内在特点。从某种意义上讲，数字劳动所创造的数据信息越多，其可供深度挖掘和分析应用的场景就越多，数据的价值就会不断提升、叠加和倍增。其次，大数据与区块链、机器学习等新技术的融合发展和应用很大程度上丰富企业生产投资决策所需要的多维信息，让过去单纯依靠传统经验的管理决策方式得以向数据化和精准化转变，进而提高企业乃至全社会的资源配置效率。例如，满帮集团利用大数据，通过与人工智能等现代信息技术相结合，打造出一个连接人、车、货的三维超级数据平台。依托平台丰富的大数据优势和科技方法，在为“车找货、货找车”提供信息和技术支持，有效整合公路物流行业资源，降低货车司机的空驶率、提高货运效率的同时，也逐渐改变了传统物流行业“小、乱、散、弱”的状况，在一定程度上实现了整个公路物流行业的提质降本增效。

2. 培育了新的“数字红利”

数字经济时代，“数字产业化”和“产业数字化”的双轮驱动在一定程度上打破了传统经济背景下的组织边界，培育了新的“数字红利”。一方面，数字化转型能够帮助传统企业实现生产端与消费端的对接，拓展商业机会，降低交易成本，为同一产品使用价值的丰富带来更多可能性。另一方面，数字化、智能制造的相结合，又会促使整个产业链条变得更加智慧，推动产业升级和新模式的涌现，创造新的经济增长点。

数据要素正在广泛赋能生产方式和产业组织变革，重塑产业体系和资源配置机制。通过将农业、农业和服务业的各阶段生产流程和要素配置过程加以数字化封装和映射，经济体系中的各参与主体可以在多维数据和算法模型的驱动下实现跨边界的资源共享与互补配置，进而释放乘数效应，提高各参与者所带来的价值。新技术的创新迭代和数据资源的不断积累，正在让数据资源成为一种赋能经济转型的关键生产资料和投入要素，大数据的深度应用在一定程度上打破了传统经济背景下资源稀缺性对经济增长的制约，也让诸如资本、劳动力、土地等传统要素资源的投入与使用方式形成一个不断变化、实时更新的数据生态。在这一生态体系中，借助机器学习等算法模型，数据可以直接创造信息，参与生产制造工序和服务环节，实现要素资源的跨边界配置与优化。例如，美团外卖利用大数据建立多人多点实时智能外卖配送调度系统，基于无人驾驶技术设立交互智能配送生态开放平台，不仅为消费者提供了更为智能化的服务，而且延伸了资源配置边界，为技术与其他要素资源的融合和协同配置提供了支撑。

3. 数据要素的配置路径

在数字经济时代，市场机制和政府宏观调控仍然是资源配置的重要机制，但随着经济社会活动全面数字化进程的加快，人、机、物的深度融合，传统背景下的资源配置机制路径开始受到大数据、云计算、人工智能等新科技发展和应用的影响，要素资源配置边界不断拓展，并逐渐向“算法化”演变。在传统经济背景下，价格机制调节产品和服务的供求分析是基于不完全信息和有限理性作出的。这种对产品和服务的供给与需求分析，相较于数字经济背景下基于大数据、人工智能所得出的一般均衡分析，具有明显的主观判断色彩，且难以摆脱市场失灵的困境，实现资源配置的帕累托最优。数字经济所孕育的数据要素资源，为厂商得到完整信息和精准信息以及摆脱有限理性约束提供了技术支撑。利用“实时共享、开放并联”的互联网和物联网，将产品和服务的总需求与总供给通过人工智能与大数据进行精准匹配，厂商一方面可以利用数据要素资源挖掘传统经济背景下难以发现的潜在需求，将闲置要素、零散要素汇聚起来，实现要素的“增量补充”；另一方面可以减少产品和服务供求中间环节由于信息甄别不当而导致的资源错误配置与扭曲，获取信息，实现“存量优化”，在数据仿真模拟结果中确定产量和价格，达到资源配置的“算法化”与“精准化”。

二、新时代数字经济促进高质量发展新增长体系的变化

经济增长体系以生产函数为基础，由经济增长的条件、经济增长的过程、经济增长的结果等方面构成。经济增长的条件包括要素体系、技术体系等。经济增长的过程包括增长的供给体系、产业体系等，经济增长的结果包括稳定性、资源环境代价、竞争力等。新增长体系是相对于传统的数量型增长体系而言的。数量型经济增长重视增长的规模，而忽视效益，其特征主要表现为以下五个方面：一是通过高投入和扩大规模的路径来实现增长。二是重视规模扩张，而忽视效率提升，在高速增长的同时导致生产的低效益和增长的高成本。三是增长过程时常伴随着产业结构的失衡和总供求的波动。四是缺乏完善的利益协调机制，在实现高速增长的同时拉大城乡差距、区域差距和收入分配差距。五是对生态环境破坏严重。由于数量型增长关注的是经济增长的源泉和动力，并按照规模报酬的路径来实现高速增长，从而化解国民经济供需体系的总量矛盾。

从数量型增长体系的构成来看，表现出了四个方面的特征。第一，从要素层面来看，数量型增长主要依靠土地、资本、劳动力等实物要素的大量投入来驱动，表现为大量资金、劳动力投入以及原材料和能源消耗。第二，从技术层面来看，数量型增长体系应用的主要是第二次科技革命的技术成果。20 世纪 80 年代以来，随着发达国家生产标准化的推进和经济全球化浪潮的兴起，我国凭借其要素禀赋及其低成本比较优势积极参与全球价值链体系分工，采取了跟随式的发展战略。我们依托于广阔的国内市场，从西方国家引进的成熟技术支撑和在一定程度上推动了经济的高速增长。第三，从产业层面来看，数量型增长体系在产业上以制造业为主导，产业内部结构以中低端为主，产业活动的重心在供给端，表现为标准化生产和垂直专业化分工体系。第四，从供给层面来看，数量型增长体系旨在化解物质文化产品生产方面的总量矛盾，解决人民群众的吃穿住行等基本需求。整个供给体系在内容上主要提供标准化的实物产品，在结构上主要针对满足中低端、低质量的消费需求。

经济形态影响着国民经济的运行方式、经济结构和社会生产关系。当新的经济形态所迸发出的发展力量冲击着原有的经济格局，经济增长体系必然会发生一系列新的变化。

（一）要素体系的变化

1. 传统实物要素具备了新特性

近些年来，煤炭清洁燃烧、太阳能电池、风电等新能源技术不断改进、日趋成熟，市场范围逐步渐大。新能源的应用对解决化石能源引起的环境污染问题、突破能源系统的总量约束具有十分重要的意义。随着新能源的日益普及和推广，这种始于能源要素的变化将引起一系列新的经济和社会变革。与此同时，数字经济也预示着一个智能化时代的到来。与工业化时代的最大不同在于，智能化时代的劳动工具和劳动对象都被赋予了自主学习能力。当资本要素具备了自主学习的能力，那么影响经济增长的就不仅是资本数量的多寡，而且在于资本具有何种类型的智能和何种水平的学习能力。

2. 虚拟要素的重要性与日俱增

传统经济主要依赖资源的低成本、投入的高强度，凭借土地、资本、劳动力等实物要素的规模化效应推动经济增长。但由于资源禀赋的总量约束和规模报酬递减规律的普遍存在，这种增长模式难以长时间保持其较高的增长率，且不可避免地产生一系列负外部性效应。在数字经济背景下，大数据、云计算等新技术日趋成熟，以信息、数据为代表的虚拟要素对经济增长的促进作用越发重要。一方面，将信息和数据提升到生产要素的高度，将其融入生产、消费、流通、分配的各个环节，将会衍生出一系列新的组织形式、生产方式和商业模式，使社会分工进一步细化、生产效率得到提高、交易成本不断降低，从而产生规模报酬递增的效果。另一方面，与具有竞争性和排他性的传统生产要素不同，信息和数据的产生方式和存在形态使其可以被同时使用、重复利用。数据的使用过程本身也是新数据产生的过程，在数字基础设施有所保障的基础上，对数据的每一次使用都会进一步丰富原有数据库，从而产生更加海量的信息。大量信息的积累有助于产生知识，从而获得更高的价值产出，并且信息规模越大，产生知识的精度越高，商业价值也相应急剧增加。建立在叠加效应基础上的演化和扩张路径，使虚拟要素在一定程度上突破了传统实物要素的总量约束，并呈现出边际收益随规模递增的特性。

3. 人力资本和科技水平成为推动经济增长的核心要素

数字经济是知识经济、创数字经济，它以知识为发展基础，以创新为核心驱动力。知识是无限的，能够在交换和使用的过程中实现增值，并且提高整体的素质水平，进而创造更高的经济价值。学习的深度和广度决定了知识体系的更新速度和完善程度，建立在高水平知识系统基础上的创新形成经济增长的强大驱动力。随着人口红利的逐渐消失，智能化时代到来，经济与社会的发展需要更多高素质、学习能力强的创新型人才来实现增长动能的转换和劳动力供给结构的升级。

（二）供给体系的变化

1. 标准化产品向个性化产品的转变

随着新技术的日益推广和普及，信息化程度不断提高，产业活动的重心逐渐转向需求端。传统的低成本、标准化的规模生产已经逐渐不能完全满足新兴的市场需求。数字化、智能化时代的到来使消费者对高质量、个性化的产品和服务的需求进一步提高。企业借助数字平台来搜寻和挖掘用户的个性化需求，从而提供更加精细化的产品和服务。这种建立在工业互联网、3D 打印、数字化制造、新材料等新技术、新平台基础上的个性化产品和服务的生产规模正不断扩大。

2. 实物产品向“实物＋数字”相组合的产品的转变

在工业经济时代，我们使用的大多数产品都是以实物的形式存在，但随着信息技术的不断升级、数字化平台使用范围的扩大，数字经济时代的许多产品同时具备了实物和数字两种形态。企业基于大数据、人工智能等技术，通过对实物产品传导到数字平台上的参数进行分析，从而对产品进行改进，进一步优化其运行状态，并将调整优化之后的结果反馈到实体产品上，持续提高用户体验。许多平台型企业更是只提供了产品的基本架构，用户在使用平台的过程中也同时参与了产品的生产和平台的优化。

3. 以产品为价值来源向以“产品＋服务”的组合为价值来源的转变

在数字经济时代，为了满足市场的多元化需求，制造业企业迅速向服务化转型、提供更多基于其产品的高水平服务成为大势所趋。当前许多企业正逐步建立研发、制造、物流、销售、售后服务环环相扣的供应链体系，通过智能化平台提供速度更快、质量更高的长期性服务和保障，从而持续优化用户体验，提高其产品竞争力。

第四节　新时代数字经济促进高质量发展的生态保障

一、新时代数字经济促进高质量发展的生态价值

随着经济主体逐渐走向高质量发展之路，市场边界以及组织边界不再是它们关心的问题。因为市场边界和组织边界会随着时代的发展以及需求的变化而变化，因此对于经济主体而言，以用户为核心，不断进行价值创新才是需要重点考虑并解决的问题。

很多人会将价值创造和价值创新混为一谈，事实上这两个概念有明显区分。所谓的价值创造是在现有的产品或服务的基础上进行改善，这是在明确顾客需求之后做出的一种被动反应；价值创新则是根据顾客需求提出一系列解决方案所进行的前瞻性思考，通常情况下是在用户还没有意识到自己有这种需求之前，经济主体就已经给出了解决方案。

现阶段数字经济获得了一定的成功，主要原因在于其始终遵循“用户至上”的理念，不断进行价值创新，为市场发展提供了强有力的驱动力。经济主体需要解决的根本问题是生态圈中的“生物群”是谁？怎样围绕这些“生物群”开展价值创新？

从总体来看，数字经济之所以能够成功实现生态化，关键在于企业积极开展价值创新，即企业提前发掘用户的潜在需求，并提出一系列解决方案。

如果数字经济过分地关注竞争，就会做出一些被动的反应，同时还会分散注意力，无法更好地满足用户需求，从而降低用户体验。所以，对于生态型企业来说，以用户为核心，挖掘他们的潜在需求应该是关注的重点，而不是将精力放在竞争上。如果数字经济将所有的资源、精力放在核心竞争力提升方面，很难迅速成长，而以用户为中心，以满足用户需求为出发点的企业，可以获得更丰富的创新源泉，开辟更多蓝海领域，创造更多商业价值。

二、新时代数字经济促进高质量发展的生态战略

在日益复杂的数字经济发展环境中，怎样在市场上站稳脚跟并从容应对可能

到来的竞争，怎样才能在保持专业化的同时紧跟消费需求的变化等，是数字经济促进高质量发展，企业不断走向生态化企业面临的重要问题。

生态型企业作为一种新兴的商业势力，已经成为商业领域热议的话题。下面我们来论述数字经济促进高质量发展的生态战略内容。

（一）互联共生

数字经济促进高质量发展的过程中，企业之间不存在竞争关系，每个业务都能为其他业务赋能，通过业务之间的融合协作创造出新的产品价值，带给用户更优质的体验。生态型企业能够把握好产业价值链的各个环节，将价值链的起点和终点连接起来，实现整条产业价值链的互联互通，推动价值链各环节之间实现协调，注重各个环节产生的聚合效应。

（二）动态平衡

数字经济环境中的企业具有自我成长能力，拥有强大的动态平衡能力，可以进行自我调整和修复，能快速适应环境变化，应对外来挑战。

但是如果经济的发展不能把握好动态平衡，也有可能会陷入系统性崩溃的境地。从发展实践来看，每一个经济主体都曾经出现过局部不平衡现象，动态平衡的关键在于可以及时发现并解决局部不平衡问题，使生态系统整体达到平衡。

当然不是所有经济主体都有这种动态平衡能力，也有生态系统出现崩溃的情况。随着互联网发展带来的速度的提升，加快了经济主体的发展速度以及更新换代速度，经济主体的动态平衡能力将在未来发展中产生决定性作用。

（三）战略协同

经济主体各业务的发展战略、产品理念相一致。在多元化战略下，经济主体各项业务之间的逻辑关系不明显，关联性不强；在生态战略下，经济主体各项业务相互融合，战略模式与产品理念一致，各类产品在各个时期都具有相同的生命力与竞争力。

在数字化时代，生态战略的应用空间非常广阔。在互联网技术、物联网技术的支持下，经济主体各项业务可以实现有机结合，创造出全新的产品价值与用户体验。上述生态产品的出现在一定程度上都离不开互联网的支持。

传统行业也可以应用生态战略创造出优质的生态型产品，如商场、游乐园等。商场对商业、住宅、酒店、电影、百货等要素做了整合，创造了一种全新的地产形态，带给用户全新的体验。游乐园对娱乐内容与儿童乐园做了整合，创造了一种全新的儿童乐园形态，带给用户全新的体验。

由此可见，生态战略不只适用于互联网行业，也可以在传统行业中使用。部分经营者没有对生态战略的本质进行深入了解，走入建设误区。数字经济促进高质量发展的构建必须立足于产品价值与用户体验，对新业务的选择要谨慎，选择之后要分步骤展开。行业选择标准是这些行业与原有业务组合能否创造出生态产品，创造出新的产品价值与体验。

生态战略落地问题相对比较复杂，离不开生态型组织与人才、生态文化、生态管理与激励的支持。

参考文献

[1] 唐晓乐，刘欢，詹璐遥．数字经济与创新管理实务研究 [M]. 长春：吉林人民出版社，2021.

[2] 马骏，司晓，袁东明，等．数字化转型与制度变革 [M]. 北京：中国发展出版社，2022.

[3] 陆生堂，卫振中．数字经济时代下企业市场营销发展研究 [M]. 太原：山西经济出版社，2020.

[4] 肖亮．卓越流通：数字经济时代流通业高质量发展与浙江经验 [M]. 杭州：浙江工商大学出版社，2020.

[5] 张立．区块链：构建数字经济新世界 [M]. 北京：科学普及出版社，2021.

[6] 李宏兵．我国数字经济发展的劳动力市场效应研究 [M]. 北京：知识产权出版有限责任公司，2021.

[7] 徐振强．数字中国：现代智慧城市理论与智慧建设高质量实践路径 [M]. 北京：中国标准出版社，2020.

[8] 葛红玲，方盈赢，李波，等．数字经济赋能城市高质量发展：北京数字经济发展的综合考察与评价 [M]. 北京：中国经济出版社，2023.

[9] 厉以宁，林毅夫，刘世锦，等．中国经济新动力 [M]. 北京：中国工人出版社，2020.

[10] 李扬．数字经济蓝皮书：中国数字经济高质量发展报告（2022）[M]. 北京：社会科学文献出版社，2022.

[11] 陈玉桃．数字经济高质量发展何以可能与何以可为——基于数字资本逻辑语境分析 [J]. 湖北经济学院学报（人文社会科学版），2023，20（7）：31–35.

[12] 钞小静，王宸威．数字经济影响经济高质量发展研究综述与展望 [J]. 电子科技大学学报（社科版），2023，25（3）：1–7；58.

[13] 郑准，石梦瑶．数字经济对区域制造业高质量发展的赋能作用与门槛效应 [J].

湖南理工学院学报（自然科学版），2023，36（2）：66–73.
[14] 梁向东，苏在坤．数字经济驱动中国制造业高质量发展的空间效应 [J]. 江汉论坛，2023（6）：19–25.
[15] 黎晓春．新时代全面推进数字经济高质量发展研究 [J]. 商业经济，2023（7）：18–20；35.
[16] 叶堂林，吴明桓，牛寒茵．依托数字经济及其产业生态助推区域高质量发展研究 [J]. 工业技术经济，2023，42（6）：10–18.
[17] 周雷，许佳，菲努拉·艾尼瓦尔．数字经济时代金融科技服务实体经济高质量发展研究进展与展望 [J]. 金融理论探索，2023（3）：69–80.
[18] 韩文龙，晏宇翔，张瑞生．推动数字经济与实体经济融合发展研究 [J]. 政治经济学评论，2023，14（3）：67–88.
[19] 王芳，卜凡博．数字经济对经济高质量发展的作用机制研究 [J]. 当代金融研究，2023，6（5）：50–64.
[20] 范虹珏，沈费伟．数字经济高质量发展：要素功能、主要风险与应对策略 [J]. 改革与战略，2023，39（3）：57–66.
[21] 王江鑫．数字经济发展水平对高技术产业创新效率的影响分析 [D]. 石家庄：河北经贸大学，2023.
[22] 王萌萌．数字经济对中国服务贸易高质量发展的影响研究 [D]. 石家庄：河北经贸大学，2023.
[23] 黄德超．数字经济、创新能力与经济高质量发展：基于中国省级面板数据的实证研究 [D]. 杭州：浙江科技学院，2022.
[24] 王杨孟秋．数字经济与实体经济融合对经济高质量发展的影响研究 [D]. 杭州：浙江科技学院，2022.
[25] 颜宇．中国省域数字经济对经济高质量发展的影响研究 [D]. 杭州：浙江工商大学，2022.
[26] 付思瑶．我国数字经济与实体经济融合测度及提升策略研究 [D]. 杭州：浙江工商大学，2022.
[27] 田振兴．数字经济驱动制造业高质量发展的机理、效应及路径优化研究 [D]. 石家庄：河北地质大学，2022.